Maximal minimal

Wie Du durch Loslassen für mehr Leichtigkeit in Deinem Leben sorgst

ISBN:

978-3-7693-9986-8

Barbara Mäder

März 2025

© 2025
Verlag: BoD · Books on Demand GmbH, Überseering 33,
22297 Hamburg, bod@bod.de
Druck: Libri Plureos GmbH, Friedensallee 273,
22763 Hamburg

Inhaltsverzeichnis

Vorwort

Ich habe immer wieder mit Klienten und Patienten zu tun, die wegen massiven Stresserlebens zu mir in die Praxis kommen oder über ein diffuses Gefühl von Überforderung und Unglück klagen. Und was soll ich sagen? Auch wenn ich als Psychologin, Therapeutin und Coachin stets «schlaue» – und für meine Kunden hoffentlich auch hilfreiche – Hinweise übrig habe: Mein Psychologie-Studium, eine Therapie-Ausbildung und diverse weitere Fortbildungen in unterschiedlichsten wissenschaftlichen und weltanschaulichen Richtungen haben (leider!) nicht dafür gesorgt, dass ich als Privatperson mit Überzeugung sagen könnte: «Das kenne ich so nicht!»

Eher im Gegenteil: Als Mutter dreier Söhne und nicht sehr leidenschaftliche Hausfrau kenne ich das Gefühl von Überforderung im Alltag leider sehr viel besser, als mir lieb ist ... Es überrascht sicher niemanden zu lesen, dass Psychologen auch nur Menschen sind ;-) Und nein, ich habe auch nicht Psychologie studiert, um meine eigenen allzu vordergründigen Macken selbst behandeln zu können. Aber Eines stimmt trotzdem: Ich bin in meinem anspruchsvollen Alltag nicht immer so glücklich, leicht und unbeschwert, wie ich es gern wäre – und daher dankbar über jede Anregung mein Leben zu vereinfachen!

Die Aufräum- und Ausmist-Ideen, die in diesem Buch in einer wunderbar einfachen und auf den Punkt gebrachten Art und Weise aufgeführt sind, haben auch mein Leben erleichtert. Ich kann nur jedem raten, seine Unzufriedenheit nicht mehr einfach zu ignorieren, sondern ins Tun zu kommen. Ordnung im Aussen unterstützt Ordnung im Innen. Und sie tut gut! Auch wenn dafür erst einmal Umgewöhnung und Aufwand nötig ist ... Es lohnt sich!

Für jeden, der – wie ich – keine Lust und Zeit hat, sich mit den unzähligen Simplify your life-Ansätzen auf dem Markt zu befassen, sondern lieber mit handverlesenen, leicht umsetzbaren und absolut alltagstauglichen Tipps am liebsten sofort loslegen will, ist dieses Buch die beste Wahl! Ich kann die Aha-Momente, die ich beim Lesen hatte, kaum zählen. Genau wie bis vor Kurzem noch die unzähligen Dinge in meinem Haushalt – und meinem Kalender ...! Das hat sich nach der Lektüre dieses Buches nun geändert. Aus Überzeugung! Und ganz bewusst. Ich habe Dinge und Termine losgelassen – das war nicht immer leicht. Aber die Freiheit und Leichtigkeit, die ich dadurch gewonnen habe, waren es mehr als wert! Ich bin sehr dankbar für den Ansatz «Maximal minimal» - «Maximale Ordnung mit minimalem Aufwand». Das war es, worauf ich gewartet habe – und aus meiner alltäglichen, professionellen Erfahrung bin ich sicher: Damit bin ich nicht allein.

Viel Freude mit der Lektüre dieses Buches und mit dem Ausprobieren, Anpassen und Etablieren der darin enthaltenen Tipps. Und vor allem: mit dem Ergebnis!

Von Herzen, Julia Kröll

Warum dieses Buch?

Über mich

«Wie schaffst du das bloss alles?» - das ist eine Frage, die ich ziemlich oft zu hören bekomme. Ich bin Mutter zweier – nicht ganz einfacher – Kinder, unterrichte an einer Hochschule, bin in einer freikirchlichen Gemeinde angestellt, und habe mir seit Kurzem meinen Traum erfüllt als selbständiger Ordnungscoach zu arbeiten. Und nein, weder mein Mann, meine Kinder noch meine Hobbys wie Backen, Kochen, Stricken, in einer Brassband spielen und Lesen kommen zu kurz …

Dies war jedoch nicht immer so. Ich bin mehr als einmal an meine Grenzen gekommen und stand 2022 kurz vor einem Burnout. Alles war mir zu viel, mit nichts war ich wirklich zufrieden. Mir war die «Kontrolle» über mein Leben total entglitten. Ich reagierte nur noch, kam aber nie nach. Hatte ich die totale Kontrolle denn je? Als Theologin und Christin wusste ich nur zu gut, dass dem nie so war – umso wichtiger war es doch, das, was ich zu einem gewissen Grad kontrollieren *konnte*, auch in den Griff zu bekommen, oder? Und was war das? Da wir uns zu der Zeit im Corona-Lockdown befanden, war der Bereich, der wirklich mir unterstand, verschwindend klein: Mein Haushalt, meine Persönlichkeit. Und so begann ich, alles, was mit Ordnung und Haushalt zu tun hatte, zu verschlingen. Ich las Bücher, schaute Youtube-Videos, machte Weiterbildungen (online, versteht sich) und begann, unser Haus zu entrümpeln. Zig Umzugskisten wurden gefüllt und verkauft, verschenkt und entsorgt. Ich fühlte mich zwar viel freier, konnte wieder atmen, aber mein Weg führte mich trotzdem noch Richtung Burnout.

Ich machte noch einmal einen Durchgang durchs Haus und wieder verliessen mehrere Kisten unser Zuhause und wurden zu Geschenken für Schulen, Kindergärten, Tagesstätten, Freunde und Fremde. Ich atmete zwar auf (und mein Mann fand, es reiche jetzt so langsam), meine Psyche brauchte aber irgendwie immer noch mehr. Ich hatte zwar jetzt weniger zu reinigen und in Ordnung zu halten, gleichzeitig hatte ich immer noch das Gefühl, es einfach nicht schaffen zu können und allen hinterher zu räumen und zu putzen.

Und dann stiess ich auf den Youtuber Selim Tolga von www.minimalismus.ch. Mit Minimalismus hatte ich bis dahin so gar nichts am Hut. Das war mir viel zu extrem. Ich liebte meine gemütlichen Farben und Accessoires. Nur schwarz-weiss, kahle Wände und Verzicht – nein danke! Und trotzdem hörte ich mal rein – und wurde absolut positiv überrascht! Was soll ich sagen, es war genau *das*, was mir noch fehlte. Ich hatte bisher nur meine «Dinge» aufgeräumt, aber die Verpflichtungen, Hobbys, Projekte ausser Acht gelassen! Wenn Du die Aufzählung meiner Tätigkeiten noch im Kopf hast, merkst Du, dass Minimalismus keineswegs bedeuten muss, so wenig wie möglich zu machen oder zu besitzen. Es geht darum, die Kontrolle zurückzubekommen: Ich besitze meine Dinge, nicht *sie* mich; ich bin Ehefrau und Mutter, aber auch Frau und Mensch. Ich entscheide, was ich tun will, ich funktioniere nicht bloss.

Dieser weitere Durchgang, nicht nur durch unser Haus, sondern durch mein ganzes Leben, tat mir so gut, dass ich nicht nur ein Burnout verhindern konnte, sondern auch die Ausbildung bei Selim Tolga zum Minimalismus-Ordnungscoach machen wollte. Überall um mich herum hörte und sah ich, wie – vor allem Frauen – sich mit dem Haushalt schwertun, unzufrieden damit und mit ihrer Rolle darin sind. Der Haushalt muss sauber sein, die Einrichtung stylisch und natürlich immer picobello aufgeräumt (was sollten sonst auch die anderen denken – dass ich den Haushalt oder die Kinder nicht im Griff habe?), ich muss den Überblick haben, wo was ist (falls mein Mann oder die Kinder mich danach fragen), ich muss perfekt organisiert sein, um die Aktivitäten der gesamten Familie zu überschauen (ich bin schliesslich verantwortliche Managerin und würde blöd dastehen, wenn die Kinder einen Termin versäumen), gut und gesund kochen (was wäre ich sonst für eine Mutter) – und die Umwelt, das ist ja auch so eine Sache (was, du nimmst diese Einwegtücher zum Putzen?) …

Gerne würde ich allen denen, die sich darin wiedererkennen, helfen. Ich weiss, wie mies sich das anfühlt, und dass es so nicht bleiben muss! Da nicht alle ein Coaching buchen wollen oder können, habe ich mich dazu entschlossen, dieses Buch zu schreiben. Natürlich kannst Du auch alle die im Literaturverzeichnis genannten Bücher lesen und Youtube nach «Aufräumen» oder «Minimalismus» durchstöbern. Wenn Dir dazu aber die Zeit und Lust fehlt, bist Du hier genau richtig. Ich habe aus den Büchern (und natürlich vor allem aus meiner Ausbildung bei Selim Tolga) das herausgenommen, was mir am meisten gebracht hat, es ganz nach minimalistischen Prinzipien kurzgehalten und an den Alltag angepasst. Denn mal ehrlich: Wer hat schon die Zeit, die Unterhosen der Kinder täglich von hell nach dunkel zu ordnen, wie es Marie Kondo zu tun vorschlägt? (Und wer Kinder hat, versteht, warum ich «täglich» schreibe ☺).

Ist dieses Buch das Richtige für dich?

Willst Du aufhören, bloss zu funktionieren und anfangen zu leben? Macht sich der Stress bei Dir langsam aber sicher auch körperlich bemerkbar? Bist Du mit Deinem Haushalt oder anderen Verpflichtungen überfordert und unzufrieden und willst es endlich angehen, dies zu ändern?

Ich zeige Dir ganz praktisch Schritt für Schritt, wie Du das hinbekommst, auch wenn Du vielleicht momentan nur einen riesigen Berg an Problemen siehst. Wir verschaffen dir gemeinsam den Durchblick!

Oder hast du es bereits im Groben im Griff und möchtest nur einzelne Bereiche erneuern oder umstrukturieren? Kein Problem, dann kannst Du natürlich auch nur die entsprechenden Kapitel lesen.

Ganz wichtig: «Maximal minimal» heisst NICHT, dass Du Dich für den radikalen Minimalismus entscheiden solltest. Es heisst, dass Du mithilfe der Strategien in diesem Buch Dein Leben von allem überflüssigen Ballast befreien lernst. Wie minimal Dein Leben am Ende aussieht, bestimmt Du selbst.

Vertraust Du mir und lässt Dich darauf ein? Ich würde mich freuen! (Und ich bin sicher, dein künftiges Ich auch!)

Zeitaufwand

Eigentlich ist es ja klar – ein Leben oder auch «nur» den gesamten Haushalt zu ändern geschieht nicht von heute auf morgen. Das Buch ist nicht sehr dick, Du könntest es locker in kurzer Zeit durchlesen. Willst Du aber *wirklich* damit arbeiten, dann wird das die nächsten Monate in Anspruch nehmen (ausser vielleicht, Du bist alleinstehend und nimmst Dir Ferien dafür ...).

Aber keine Sorge: Das Buch ist so aufgebaut, dass der Alltag neben Deinem Projekt «Maximal minimal» ohne (zusätzliche) Probleme weiterlaufen kann. Es gibt also keinen besseren Zeitpunkt, um damit zu beginnen, als genau *jetzt*!

Bevor Du umblätterst, solltest Du Dir selbst das Versprechen abnehmen, dass Du bis zum Ende des Projekts nichts Neues mehr kaufst! Das gilt selbstverständlich weder für Nahrungsmittel, Verbrauchs-materialien noch für Dinge, die kaputtgehen und ersetzt werden müssen. Halte Dich aber zurück bei Ordnungs-systemen, Kisten und Boxen oder gar neuen Möbeln. Es kommt schon irgendwann der Zeitpunkt, an dem Du – wenn Du es dann überhaupt noch brauchst – solche Dinge besorgen darfst.

Die Vorbereitung beginnt im Kopf

Ein grosses Problem bei den diversen Ausmist-Methoden scheint mir zu sein, dass es sofort losgeht mit dem Weggeben von Dingen. Das mag zwar funktionieren – vielleicht hast Du auch schon die ein oder andere Methode ausprobiert – aber in der Regel sieht es ziemlich schnell wieder so aus wie vor der Aktion. Grund: Dein Hausrat hat sich geändert, aber *Du* nicht. Ausserdem gibst Du vielleicht auch Dinge weg, die Du später vermisst. Ausmistmethoden wie die von der amerikanischen Gruppe «The Minimalists», bei denen Du am ersten Tag des Monats eine Sache weggeben musst, am zweiten Tag zwei Sachen usw. üben doch recht Druck aus. Denn der Fokus liegt dabei eindeutig auf dem Weggeben: «Was kann weg? Und was noch??»

Da das Ziel deines Aufräum-Projektes vermutlich nicht ist, möglichst wenige Dinge zu besitzen (zumindest ist es nicht das Ziel, das mit diesem Buch angestrebt wird), geht es nicht in erster Linie um Verzicht und ums «Weniger». Vielmehr geht es um die Frage, was Du *wirklich* brauchst, um Dein Leben zu leben – ja, man kann sogar sagen, es geht darum herauszufinden, *wer Du wirklich bist* bzw. sein willst.

Dein Kompass

Du findest im Internet ganz viele Listen mit Werten oder Bedürfnissen. Wie jedem Menschen werden Dir alle Bedürfnisse bekannt vorkommen. Trotzdem wirst Du sicher einige finden, die Dir besonders wichtig sind (wähle nicht mehr als fünf!). Aus diesen ausgewählten Werten kannst Du versuchen, eine Art «Leitsatz» zu formulieren, der Dich und Dein Leben auf den Punkt bringt. Vielleicht nimmst Du dafür ein neues Heft, in das Du alles, was das Projekt «Maximal minimal» betrifft, reinschreibst?[1] Übrigens: In den meisten Hauhalten ist ein «neues» Heft zu finden, ohne eines kaufen zu müssen – wie wäre es zum Beispiel mit einem nicht mehr verwendeten Vokabelheft der Kinder?

Beispiel für einen Leitsatz: *Ich liebe* **Ordnung**. *Ich liebe es, mich in Ruhe zu* **entspannen** *und möchte mit* **Leichtigkeit** *durchs Leben gehen. Meine Familie soll sich bei mir* **geborgen** *fühlen.*

Dieser «Leitsatz» hilft Dir bei jeder einzelnen Entscheidung, was Du behalten willst und was gehen darf; zu was Du «Ja» sagst oder was Du ablehnst. Nicht nur während des Projekts «Maximal minimal», sondern auch danach.

Bsp. Was mir hilft, mich richtig zu entspannen, darf bleiben (→ für die Entspannung). Was mein Leben kompliziert macht, darf gehen (→ gegen die Leichtigkeit).

Damit hast Du einen ganzen Kompass erstellt, der Dir bei allen Entscheidungen den Weg weist. Wenn es Dir bei Deinem Projekt ausschliesslich darum geht, einen bestimmten Raum zu entrümpeln, dann kannst Du natürlich auch die Werte darauf beschränken:

---

[1] Wenn Du schon papierlos unterwegs bist, tut es natürlich auch ein neuer Ordner im Computer.

*Bsp. Ich wünsche mir **Übersicht** und **Kontrolle** über die Dinge. Ich möchte es einfacher haben beim Aufräumen und Putzen (= **Leichtigkeit**).*

→ *Es soll nichts oder ganz wenig auf der Abstellfläche stehen (= Leichtigkeit); Bücher sollen nicht in doppelter Reihe stehen und Gleiches gehört zu Gleichem (= Übersicht) usw.*

Geht es Dir tatsächlich schwerpunktmässig darum, Dich selbst zu «finden», dann macht es vielleicht Sinn, Dir Hilfe bei einem Psychologen zu suchen – nicht als Therapie, sondern als Lebenscoaching.[2] Wenn Du mich als Coach buchen solltest, wird es vor allem um die Werte gehen, die fürs Aufräumen wichtig sind. Möchtest Du etwas tiefer ins Thema «Minimalismus» bzw. «Ausmisten» eintauchen, aber nicht auf einen Coach zurückgreifen, kann ich Dir wärmstens Selim Tolgas Buch «Minimalismus leben für Dummies» empfehlen. Darin widmet er ein ganzes Kapitel dem Thema «Mindset». Da findest Du viele Hilfestellungen.

Übrigens: Wenn Du Deine Bedürfnisse herausgefunden hast und alle bereits komplett erfüllt sind – herzlichen Glückwunsch, dann brauchst Du das Projekt gar nicht weiter zu verfolgen! Wenn Dein Kompass für Dich aber wie ein ferner, fast unrealistischer Wunsch aussieht, dann weisst Du jetzt ganz genau, wofür Du dieses Projekt angehst. Um Deine Fortschritte sichtbarer zu machen, kannst Du jedes Deiner Bedürfnisse in Dein Heft schreiben und dahinter eine Zahl von 1-10. «1» bedeutet, das Bedürfnis ist überhaupt nicht erfüllt, «10» bedeutet, das Bedürfnis ist bereits komplett

---

[2] Z.B. Julia Kröll, www.julia-kroell.de

erfüllt. Nach einer gewissen Zeit kannst Du prüfen, ob und wie weit sich die Zahl (hoffentlich nach oben) verändert hat.

Nimm Dir für diese erste Aufgabe ruhig Zeit, denn ansonsten wäre es, wie wenn Du Dich einfach mal ins Auto setzt und drauflosfährst, ohne Dein Ziel zu kennen. Die Wahrscheinlichkeit, dass Du am richtigen Ort landest, ist mehr als gering.

Checkliste:

- o   Ich habe meinen «Leitsatz» formuliert.
- o   Ich habe vielleicht sogar einige Sätze davon abgeleitet (s. Beispiele oben) und damit meinen persönlichen Kompass erstellt.
- o   Ich habe meine Bedürfnisse von 1-10 bewertet.

Routinen

Ob Du viele Kinder hast oder gar keine, ob Du arbeitslos bist oder eine 100%-Stelle hast – Du hast ganz bestimmt einen Alltag, der sehr darunter leiden würde, wenn Du Dich die nächsten Wochen oder gar Monate nur ums Projekt «Maximal minimal» kümmern würdest. Umgekehrt kann es auch passieren, dass Dein Aufräum-Projekt im Sande verläuft und nach kurzer Zeit alles wieder beim Alten ist, weil der Alltag und seine Aufgaben es komplett erdrückt haben. Beides wollen wir verhindern!

Das Zauberwort dafür heisst «Routinen». *Routine* kommt aus dem Französischen und bedeutet «Wegerfahrung». Es geht also um Abläufe, die durch häufiges Tun, eben die «Erfahrung auf unserem Weg», so automatisch ablaufen, dass wir dafür nur noch ganz wenig Energie aufwenden müssen. Wenn sich eine Routine etabliert hat, brauchen wir weder aktiv daran denken, sie auszuführen, noch ist es nötig, dass wir während des Tuns darüber nachdenken, *wie* etwas zu tun ist. Das spart wertvolle Energie, die Du sicher an anderen Stellen gut gebrauchen kannst!

Bis Aufgaben und Tätigkeiten aber zur Routine werden, braucht es natürlich Zeit – je nach dem, wen man fragt, zwischen 1-3 Monate. Sogenannte «Habit Tracker» können Dir dabei helfen, dranzubleiben (es gibt sie in allen Farben und Formen im Internet gratis oder kostenpflichtig herunterzuladen). Alternativ kannst Du Dir die Aufgaben anfangs auch einfach in die Agenda schreiben ... (so habe ich es gemacht).

Wenn Du zu den ganz Ambitionierten gehörst, möchte ich Dich jedoch darauf hinweisen: Es macht wenig Sinn, dass Du Dir jetzt 20 (neue) Routinen heraussuchst, die Du alle gerne sofort in Dein Leben integrieren willst. Das wäre viel zu viel und Du würdest dich vermutlich recht bald so verzetteln, dass Du es wieder sein lassen willst. Entscheide Dich daher lieber für die *eine* Tätigkeit, die Du Dir als erstes angewöhnen möchtest. Wenn diese dann zur Routine geworden ist, wählst Du die nächste und so weiter...

In aller Deutlichkeit: Es geht in diesem Schritt jetzt darum, zu verhindern, dass Dein Alltag während des Projekts darniederliegt, und darum, dass du nachhaltige Veränderungen einführst. Dabei sind Routinen einfach unheimlich praktisch!

Sinnvollerweise kannst Du die Routinen in Morgen-routinen und Abendroutinen unterteilen. Bist Du tagsüber zu Hause, kannst Du es sogar dritteln und noch eine Mittagsroutine einführen. Was genau in die Routinen gehört, ist ganz individuell. Wenn Du ein Putzmuffel bist und bisher nur einmal die Woche einen Lappen oder Besen in die Hand genommen hast, ist es nicht so gedacht, dass Du als Routine ein tägliches Staubwischen integrierst! Du allein entscheidest, was Du täglich bzw. wöchentlich machen willst bzw. musst, damit der Alltag problemlos weiterläuft wie bisher.

Hier ein paar Vorschläge, aus denen Du herauspicken kannst, was zu Dir passt:

Morgenroutine

Lüften und Bett machen[3]	Toilette und Spülbecken grob reinigen
Pflanzen giessen (nur im Hochsommer täglich)	Geschirrspüler ausräumen
Meditation / Stille Zeit o.ä.	Morgensport
Waschmaschine starten	Glas Wasser trinken
Kinder bereit machen	Anziehen und evtl. schminken[4]

Vielleicht machst Du ganz viel davon schon, aber es ist noch nicht zur Routine geworden, weil Du es immer wieder zu unterschiedlichen Zeiten und in anderer Reihenfolge machst? Versuche, Dich festzulegen, das hilft enorm.

Die Morgenroutine startet automatisch, sobald Du aufstehst. Ich bin manchmal noch im Halbschlaf, während ich nebenbei zwei Badezimmer putze, den Geschirrspüler leere, Pflanzen giesse usw. ... Und da alles feste Routine ist, kostet es mich so gut wie keine Energie und ich habe ganz Vieles schon

---

[3] Es bewirkt unglaublich viel, das Bett zu machen. Dazu gehören nicht unbedingt Tagesdecke und zig Kissen. Es soll einfach gemacht sein und Dir gefallen. Yeah, die erste Aufgabe ist erfolgreich erledigt – alle anderen wirst Du heute auch noch schaffen! ☺
[4] Klingt seltsam, aber es macht enorm viel aus, wenn Du Dich richtig anziehst, auch wenn Du «nur» zu Hause bist. Wenn Du Dich normalerweise schminkst, bevor Du aus dem Haus gehst, dann tue dies auch, wenn Du zu Hause bleibst. Ob Du die Schuhe anziehen willst, wie Marla Cilley («Flylady») das empfiehlt, überlass ich Dir ...

erledigt, was ich früher im Alltag kaum unterbekommen habe.

Tipp: Wenn Du kleinere Kinder hast, stehe vor ihnen auf (ja, ich weiss, das ist manchmal ganz schön früh) – aber nur so kannst Du die Routinen ohne Stress und Ablenkung erledigen. Wirst Du dabei immer wieder gestört, wird es keine Routine werden. Das frühe Aufstehen lohnt sich also auf jeden Fall!

Mittagsroutine

Die Mittagsroutine startet bei mir nach dem Mittagessen. Auch hier einige Vorschläge, die Du beliebig erweitern und zu Dir passend machen kannst.

Küche aufräumen und Arbeitsflächen sauber wischen	Esstisch putzen
Unter dem Esstisch kehren/saugen	Kaffee oder Tee in Ruhe geniessen, und wenn es nur 10 Minuten sind
Durchs Haus gehen und alle Dinge, die auf dem Boden liegen, versorgen. *Da hilft z.B. ein Korb, in den alle herumliegenden Dinge kommen, die nicht Dir gehören. Evtl. in jedem Stockwerk einer. Da die Grundordnung wohl noch nicht optimal ist, wenn Du jetzt erst mit dem Projekt*	Etwas ausgedehntere Mittagspause von 30 Minuten machen

startest, solltest Du Dich beim Aufräumen nicht in Details verstricken. Konzentriere dich zunächst auf die Basics: Der Boden sollte frei sein, Abfall entsorgt, Schmutzwäsche im entsprechenden Korb.	
Wäsche tumblern oder aufhängen	Spaziergang machen/ frische Luft schnappen
Post holen und bearbeiten	Mails checken und bearbeiten

Bist Du tagsüber ausser Haus, kannst Du die Routine natürlich auch weglassen bzw. am Abend einbauen.

Abendroutine

Ob Du die Abendroutine gleich nach dem Essen startest oder erst, bevor Du ins Bett gehst, spielt keine grosse Rolle. Meine eigene Abendroutine ist in zwei Routinen aufgeteilt – eine nach dem Essen, eine vor dem Zubettgehen.

Küche aufräumen und Arbeitsflächen sauber wischen	Esstisch putzen
Unter dem Esstisch kehren/saugen	Kaffee oder Tee in Ruhe geniessen, und wenn es nur 10 Minuten sind[5]
In der Küche saugen	Im Eingangsbereich saugen

---

[5] Besonders wichtig, wenn am Abend noch ein Programm ansteht.

Abendspaziergang machen	Zähne putzen
Durchs Haus gehen und alles Herumliegende aufräumen (s. oben)	Kleider und Dinge für morgen bereitlegen (auch bei kleineren Kindern)
Kinder ins Bett bringen (Ritual)	Etwas lesen (besser als Fernsehen kurz vor dem Schlafen)

Wöchentliche Routinen

Dinge, die ein oder zweimal wöchentlich gemacht werden, können vom Ablauf her ebenfalls Routinen sein. Sie zu starten braucht aber anfangs unbedingt einen Eintrag in der Agenda, um sich daran zu erinnern.

Wichtige Routinen, die Du einplanen könntest, sind:

- Einkaufen (vorher Menüs planen, dazu im nächsten Kapitel mehr)
- Wäsche waschen (wenn Du es nicht täglich machst)
- Wasserkocher entkalken
- Blumen giessen (je nach Jahreszeit und Blumenart 1-7x wöchentlich)
- Staubsaugen
- Freie Flächen abstauben
- Feucht aufwischen
- To do's abarbeiten

Du solltest nun alle Routinen, für die Du Dich entschieden hast, in Dein Heft, Deinen Habit Tracker und/oder Deine Agenda eintragen. Sei geduldig mit Dir und gnädig, wenn Du es einmal nicht schaffst, Deinen Plan tatsächlich auch umzusetzen. Vielleicht hast Du Dir auch zu viel auf einmal vorgenommen zu ändern? Dann kürze die Liste und nimm erst dann eine neue Routine hinzu, wenn die anderen (zumindest einigermassen) klappen. Vielleicht merkst Du auch, dass eine Routine nichts bringt und Du magst sie austauschen oder ersatzlos streichen. Betrachte Deinen ersten Plan als Prototypen, der auf Herz und Nieren getestet und ganz genau an Dich und Deinen Alltag angepasst werden muss.

Es geht nicht darum, dass Du durch die Routinen zu einem «besseren Menschen» oder «besserer Hausfrau» wirst (das an Dir Arbeiten kommt früh genug im Kapitel «Putzplan»), es soll hier nur die Basis gelegt werden, damit das Nötigste automatisch abläuft und Du einen Grossteil Deiner Energie auf das Projekt richten kannst.

Deshalb macht es auch Sinn, dass Du Dich mindestens eine Woche ganz auf die Routinen konzentrierst, bevor Du weiterliest.

Und noch etwas: Falls Du zu denen gehörst, die sich durch solche Routinen eingeschränkt fühlen: Sobald diese Routinen etabliert sind, bist Du komplett frei, manche auch mal bewusst wegzulassen. Das Zauberwort lautet «bewusst». Ansonsten wäre das keine Flexibilität, sondern eher Chaos. Ich z.B. entscheide mich auch mal bewusst, heute die Toilette nicht zu putzen, wenn ich mich nicht fit fühle oder wenn gestern praktisch niemand zu Hause war und die Toilette noch gut genug aussieht. Wenn heute sowieso noch der grosse Badputz ansteht, erübrigt sich die Routine natürlich auch und und und ... Morgen wird ja wieder gemäss Routine geputzt, also alles in Ordnung!

Checkliste:

- o Ich habe meine Morgenroutine festgelegt und in einem Habit Tracker oder meiner Agenda festgehalten.
- o Ich habe meine Mittagsroutine festgelegt und festgehalten.
- o Ich habe meine Abendroutine festgelegt und festgehalten.
- o Ich habe mindestens 1 Woche mit meinen neuen Routinen gelebt und sie ggf. angepasst.[6]

---

[6] Nach einer Woche sind die Routinen natürlich noch nicht etabliert – wenn Du solange mit Weiterlesen warten magst, wäre 1 Monat natürlich noch sinnvoller.

Exkurs: Thema «Essen»

Wenn «Essen» bei Dir kein heikles Thema ist, kannst Du dieses Kapitel auch gerne überspringen. Bei mir selbst war (und ist) es ein grosses Thema. Wir essen alle sehr gerne, hatten aber mit vielen Schwierigkeiten zu kämpfen:

- o Ausser mir isst keiner alles.
- o Die gesunde Ernährung kam oft zu kurz.
- o Wir hatten viele Reste und auch abgelaufene Lebensmittel, die wir letztlich entsorgen mussten.
- o Das Planen der Menüs nahm mir viel Zeit weg.
- o Ich hasse es, einkaufen zu gehen.
- o Gesundheitliche Probleme und schlechter Schlaf waren die Ergebnisse unserer Ernährungsweise.

Kennst Du auch etwas davon? Im Folgenden erzähle ich Dir, wie wir unsere Probleme angegangen sind («erfolgreich gelöst haben» wäre etwas hoch gegriffen).

Die Menüplanung

Ich hatte früher zahlreiche Kochbücher, die entweder nicht benutzt wurden oder mir sehr viel Zeit stahlen bei der Planung. Ich habe deshalb alle Lieblingsrezepte der Familie abgeschrieben, laminiert und in verschiedenen Ordnern abgelegt (sortiert nach «Gebäck», «Desserts» «Gesundes» etc.). Das mag für Dich vielleicht etwas übertrieben klingen und es hat auch tatsächlich einiges an Zeit gekostet – die habe ich bei der Planung jedoch längst wieder eingespart!

Denn es sind Rezepte, die sowohl einfach zu machen sind, als auch von allen gerne gegessen werden.

Einige der Rezepte koche ich sehr regelmässig. Warum soll ein gesundes Gericht, das alle mögen, nicht wöchentlich auf dem Speiseplan stehen? Wenn es schliesslich allen zum Hals heraushängt, kann es ja ersetzt werden ... Neben unseren 3 oder 4 fixen Lieblingsessen haben auch «Reste» einen festen Platz im Plan: 2-3mal pro Woche sind Reste eingeplant, um die Verschwendung zu minimieren. Gibt es keine Reste, geht es an den Vorratsschrank: Was läuft bald ab, was sollte möglichst bald verwertet werden? Die restlichen Menüs werden aufgefüllt mit dem, was in dieser Woche grad Aktion ist bzw. mit neuen Rezepten, die ich gerne ausprobieren würde.[7]

Neben den Rezept-Ordnern habe ich nur noch ganz wenige Lieblingskochbücher (wie zum Thema «Brot backen», «Weihnachtskonfekt» etc.). Alles andere wurde inzwischen aussortiert und hat im wahrsten Sinne Freiraum geschaffen. ☺

Direkt mit der Menüplanung schreibe ich auch die Einkaufslisten für die ganze Woche – ja Plural, da zweimal die Woche eingekauft wird, um möglichst frische Produkte zu haben. Das Einkaufen konnte ich an meinen Mann

---

[7] Diese werden dann sofort danach entsorgt oder erhalten einen Platz bei den Lieblingsrezepten im Ordner. Wenn Du auch gerne solche Ordner erstellen möchtest, dann tue dies im Rahmen des Ausmistens der Küche – nicht jetzt sofort. Um es Dir jetzt schon zu erleichtern, kannst Du Dir für die Dauer des Projekts ganz einfache Wochenpläne erstellen.

delegieren, der dies auf dem Nachhauseweg erledigt. Denn auch das Delegieren ist ein ganz wichtiges Thema, das in den Kapiteln «Einfach halten» und «Putzplan» noch genauer aufgegriffen werden wird.

Den Menüplan hänge ich in der Küche gut sichtbar an unsere Magnetwand, damit jedes Familienmitglied informiert ist (das erspart die häufige Frage «Mami, was gibt's zu essen?»). Auf dem Plan gibt es Platz, sowohl Wünsche für die nächste Woche anzubringen, Dinge, die verwertet werden sollten, aufzuschreiben als auch die Einkaufsliste zu ergänzen. Hier ein Beispiel:

	Mittagessen	Nachtessen
Montag	Kartoffeln mit Thunfischsalat	Gebratene Nudeln mit Rindfleisch
Dienstag	?	Mozzarella-Reis-Salat
Mittwoch	Warmer Pouletsalat	Lachsomelett
Donnerstag	Mozzarella-Reis-Salat	Brokkoli-Suppe
Freitag	Hähnchen-Stroganoff	Lachsomelette
Samstag	Gebratene Nudeln mit Rindfleisch	Gebackenes Poulet mit Gemüse
Sonntag	? / Herbstmesse	? / Herbstmesse

Wünsche: Kaufen: Zu gebrauchen:

Leinsamen   *Brokkoli*
Kartoffeln

Ich muss also noch «Leinsamen» einkaufen und in der nächsten Woche «Brokkoli und Kartoffeln» einplanen. Auf Wünsche muss ich (bis jetzt) noch nicht eingehen. Bein den «?» gibt es Reste, falls welche vorhanden sind.

Vorratshaltung

Wer kennt es nicht – je mehr Vorräte, desto sicherer fühlt man sich. Hat man noch dazu genügend Platz dafür, muss man sich aktiv selbst einschränken, damit es nicht überhandnimmt.

Es gibt einige ganz wichtige Regeln in der Vorratshaltung:

- o Nur das hat im Vorrat etwas zu suchen, was tatsächlich regelmässig bzw. andauernd gebraucht wird. Isst Du nur alle paar Monate einmal Kichererbsen, brauchst Du davon keinen Vorrat! Da es bei uns regelmässig Lasagne gibt, haben wir im Vorrat immer Lasagneplatten, Mehl, Milch, passierte Tomaten und im Tiefkühler geriebenen Käse und Hackfleisch.[8]
- o Überlege Dir, wieviel von jedem Ding Du wirklich im Vorrat brauchst, damit Du Dich gut fühlst. Waschmittel reicht mir z.B. eines auf Vorrat, während ich vom laktosefreien Rahm gerne mindestens 4 Stück habe. Das ist sehr individuell.
- o Stelle die neu gekauften Produkte (wie im Laden) hinter die bereits Vorhandenen. Wenn Du noch dazu nur diese Dinge vorrätig hast, die Du regelmässig

---

[8] Tipp: Beschrifte die Regale ganz genau, dann kommst Du nicht auf die Idee, etwas anderes zu lagern. Wir haben z.B. etwas abseits der Vorräte einen Platz, an den Dinge kommen, die wir geschenkt bekommen haben oder die wir früher mal im Vorrat hatten. Die werden noch verwertet (wenn es «Reste» gibt laut Plan, jedoch nichts im Kühlschrank ist).

verwendest, wirst Du keine abgelaufenen Lebensmittel mehr wegwerfen müssen.

Ausmisten – 1. Teil

Endlich geht es nun so richtig los! Eine kleine Vorbereitung ist aber noch nötig:

Vorbereitung

Organisiere mindestens vier leere Umzugskisten (oder andere Kisten). Auch die blauen Taschen vom grossen schwedischen Möbelhaus können als Alternative gute Dienste leisten. Diese Kisten beschriftest Du (evtl. mit Malerkreppband) folgendermassen:

- o Weggeben (bei Bedarf kannst Du auch mehrere Kisten dafür nehmen und gleich sortieren: Verschenken, Verkaufen, Brockenstube, Kindergarten u.a.)
- o Platzwechsel
- o Hausaufgabe (für Dinge, die Du noch erledigen musst)
- o Behalten

Für die Kategorie «Entsorgen» kannst Du entweder eine Kiste oder gleich einen 110l-Abfallsack verwenden.

Für diese Kisten brauchst Du nun einen geeigneten Platz. Am sinnvollsten wäre es, in jedem Raum, den Du am Ausmisten bist, irgendwo einen Platz zu finden, wo die Kisten nicht im Weg sind. Denn Du wirst wohl kaum an einem Tag damit fertig werden (ausser Du hast dafür extra Ferien genommen). Dann wäre auch gut, einen Platz im Keller, in der Garage o.ä.

zu definieren, wo die aussortierten Dinge hinkommen, bis sie weggegeben oder verkauft wurden.

Ein Lappen zum Abstauben liegt bereit?

Dann noch zur letzten Vorbereitung, die es zu erledigen gilt: Eine weitere Routine erstellen: Wann hast Du vor, auszumisten? Jeden Morgen, direkt nach der Morgenroutine? Wenn ja, wie lange? (→ Timer stellen!). Zwei bis dreimal die Woche als Wochenroutine, dafür etwas länger? Oder schreibst Du Dir jetzt gleich ein paar Tage in die Agenda, in denen Du Dich ganz diesem Projekt widmest? Egal, wie Du es machst – es muss unbedingt konkret sein. «Ich mache es immer wieder mal, wenn ich Zeit habe» – dann kannst Du es auch bleiben lassen, Du wirst langfristig keine Zeit dafür finden!

Checkliste:

- o Die Kisten sind beschriftet und stehen bereit.
- o Lappen liegt bereit.
- o Ich kenne meinen Kompass auswendig oder habe ihn ausgedruckt griffbereit.
- o Ich weiss, wann ich wie lange am Projekt arbeiten werde.

Wo beginne ich?

Falls Du nicht ein spezifisches Problemzimmer oder Problemschrank hast, stellt sich Dir die Frage, wo Du beginnen sollst. Für Viele ist es ein riesiger Berg, der einen schier erschlägt. Umso wichtiger ist es, eins nach dem anderen anzugehen und die Arbeit in kleinere Teile herunterzubrechen. Sonst besteht die Gefahr, gar nicht erst anzufangen, weil «man es sowieso nicht schafft». Ich kann Dir nicht sagen, welcher Raum der sinnvollste ist, um dort zu starten, denn auch das ist individuell. Ich kann Dir aber einige Gedankenanstösse geben:

Gibt es einen Raum, wo Gefahr besteht? Stolpergefahr, weil viele Dinge auf dem Boden liegen, obwohl Du dort häufiger durchgehen musst? Brandgefahr durch zu viel Papier? Oder die Gefahr, Probleme zu bekommen, weil Rechnungen nicht bezahlt werden? Wenn die Antwort auf eine der Fragen «ja» lautet, dann hast Du Deine Antwort – dort beginnst Du Dein Projekt.

Lautet die Antwort «nein», gibt es vielleicht einen Raum, den die meisten Familienmitglieder nutzen (z.B. Esszimmer). Wenn eine Problematik ist, die restliche Familie dazu zu bringen, beim Projekt mitzumachen bzw. sich nicht dagegen zu stellen, könnte dies ein guter Ansatz sein. Sie sehen sofort die Vorteile der neuen Ordnung. Ein anderer Ansatz wäre, zuerst ein Zimmer in Angriff zu nehmen, in dem (fast) alles Dir persönlich gehört. Da musst Du niemanden fragen, ob Du etwas aussortieren darfst. Und die Familie sieht mit der Zeit auch, wie viel leichter Du es hast, weil Du alles sofort findest. Noch heute leihen sich die Kinder meine Dinge aus (die sie selbst auch hätten), weil sie wissen, wo meine sind.

Ob Du einen genauen Plan machst, in welcher Reihenfolge Du die Räume angehst, oder Du es spontan entscheidest, spielt keine Rolle. Du brauchst erst einmal nur einen Raum, in dem Du beginnen wirst.

Wie miste ich aus?

Wer sich wie ich schon ausführlich mit dem Ausmisten beschäftigt hat, weiss, dass es unheimlich viele Methoden gibt, die hier nicht im Detail durchgegangen werden sollen – schliesslich handelt es sich wie gesagt um ein bewusst minimalistisch angelegtes Buch. Die grösste Gefahr bei den meisten dieser Methoden ist, dass Du entweder mehr weggibst als Du eigentlich wolltest (weil z.B. mit Druck gearbeitet wird: «Du musst heute 23 Dinge aussortieren» oder «Du darfst am Ende nur 450 Dinge besitzen») oder aber – was noch häufiger der Fall ist – Du mistest nur oberflächlich aus und ordnest das Vorhandene einfach neu. Es sieht zwar (da es aufgeräumter ist) schöner aus als vorher, hält aber nicht lange an. So erging es mir z.B. als ich mit der Konmari-Methode ausgemistet hatte: «Does it spark joy?» («Versprüht es Freude?»), dies ist Marie Kondos Kriterium, etwas zu behalten. Besitz versprüht häufig Freude, auch wenn man ihn nicht benutzt ... Die minimalistische Methode, wie sie Tolga lehrt, geht einen anderen Weg.

Du hast Dir ja ganz am Anfang überlegt, welche Werte Dir wichtig sind, und einen Kompass erstellt. Wenn Du einen Kompass fürs ganze Leben erstellt hast, kannst Du Dir jetzt noch überlegen, welche Werte Dir für genau diesen Raum, den Du als Start ausgesucht hast, wichtig sind. Ist es Dir wichtig, dass Du die *Übersicht* zurückgewinnst? Oder die *Kontrolle* über die Dinge darin? Ist Dir *Ordnung* wichtig oder *Sauberkeit*? Willst Du Dich in diesem Raum *entspannen* oder soll Dir die Arbeit, die Du darin verrichtest, *leichter* von der Hand gehen? Geht es Dir hauptsächlich um *Ästhetik*? Schreibe Dir dies auf, schreibe dahinter eine Zahl von 1-10 (1 = gar nicht erfüllt, 10 = komplett erfüllt) und hänge es gut sichtbar im Raum auf.

Der minimalistische Weg ist nun, dass Du die Augen schliesst (oder in einen anderen Raum gehst) und Dir vorstellst, was Du alles in diesem Raum brauchst, damit Du Deine Werte erfüllen kannst.

Damit Du besser verstehst, was damit gemeint ist, will ich Dir ein anderes Bild aufzeigen:

Du fliegst in die Ferien auf eine Südseeinsel. Auch wenn Du ein Mensch bist, der gerne auf alles vorbereitet ist, wirst Du dafür sehr wahrscheinlich weder die Skier einpacken noch Deine Winterstiefel. Oder? Genauso wenig wirst Du beim Packen durch die ganze Wohnung gehen, jeden Schrank aufmachen, jeden einzelnen Gegenstand in die Hand nehmen und Dich fragen, ob Du dieses Teil für Deine Ferien brauchst … Genau dies machen jedoch sehr viele Leute, wenn sie ihre Wohnungen ausmisten. Dabei geht viel Zeit verloren und es wird viel zu viel «Gepäck» mitgenommen.

Deshalb schliesse die Augen oder setze Dich an einen Tisch (ausserhalb des Raumes, den Du ausmisten willst) und betrachte in Gedanken den Raum. Wie sieht Dein Traumzimmer aus? Was brauchst Du wirklich? Und was liebst Du so sehr, dass es auf keinen Fall fehlen darf? Schreibe Dir alles auf, was Dir in den Sinn kommt. Natürlich kannst Du es Dir auch einfach nur merken, wenn Du sicher bist, dass Du Dich nachher nicht selbst überlistest.

Was auch sehr gut funktioniert, ist die folgende Strategie: Gehe in Gedanken Deinen Tag durch. Was genau benutzt Du in diesem Raum täglich oder zumindest regelmässig? Das sind Deine «Schätze», die Du auf keinen Fall aussortieren darfst. Alles andere, was Dir jetzt nicht in den Sinn gekommen ist, darfst Du grosszügig weggeben (lies aber das Kapitel noch zu Ende ☺). Ist Dein zu erreichender Wert, möglichst minimalistisch zu leben, kannst Du natürlich alles, was jetzt nicht auf Deiner (gedanklichen) Liste steht, weggeben. Ist dies nicht das Ziel, kannst Du jetzt immer noch das, was nicht auf der Liste ist, einzeln in die Hand nehmen und Teil für Teil entscheiden. Vielen gibt das auch eine gewisse Sicherheit, nichts fälschlicherweise zu entsorgen. Habe dabei aber immer den Hintergedanken im Kopf: Was du in letzter Zeit nicht brauchtest, wirst Du aller Voraussicht nach auch in der nahen Zukunft nicht brauchen. Wenn es Dir tatsächlich zu schwerfällt, Dich von einigen Dingen zu trennen, kannst Du im Notfall einige wenige(!) Sachen für eine Zeit gesammelt im Keller oder auf dem Dachboden lagern. In dem Fall nimm eine(!) weitere Kiste hinzu: «Dachboden» und notiere das «Verfallsdatum». Ganz wichtig: Mache Dir in einem Jahr einen Reminder in den Kalender, um nicht einen weiteren Chaos-Ort zu produzieren! Wenn Du den Gegenstand bis dahin nicht vermisst hast, kannst Du ihn sicher weggeben.

Wo beginnst Du aber nun in dem Raum? Als erstes wird alles, was auf dem Boden liegt oder steht, angegangen und in die entsprechenden Kisten gelegt (s. nächsten Abschnitt).

Was behalten werden soll, wird wenn möglich in einen Schrank versorgt (keine Angst, das bleibt nicht so) oder

vielleicht in einer weiteren Kiste «Behalten» zwischen-
gelagert. Wenn der ganze Boden frei ist, hat das eine enorme
Wirkung (vor allem, wenn der Raum zu Beginn nicht schon
eh aufgeräumt war) und macht Lust auf mehr!

In einem zweiten Schritt gehst Du alles an, was sichtbar ist:
auf Ablageflächen, offenen Regalen, Fenstersimsen, Sofa,
Tischen, Vitriten oder auch an Wänden.

Und erst am Schluss kommen die geschlossenen Schränke,
Kommoden und Schubladen dran.

Die Sortierung

Die beschrifteten Kisten oder Taschen sollten nun in einer
Ecke des Raumes stehen, den Du ausmisten willst. Was
genau kommt wohin?

Entsorgen

Alles, was kaputt ist, wird entsorgt. Warum nicht reparieren?
Ist es etwas, was Dir viel bedeutet, sehr teuer war und Du es
eigentlich behalten möchtest, dann kannst Du es
selbstverständlich auch reparieren (lassen). Dann leg den
Gegenstand in die Hausaufgabenkiste. In der Regel lohnt es
sich jedoch nicht (denk dran, dass das Teil schon seit
Längerem in defektem Zustand herumlag und Du es nicht
vermisst hast). Es ist jetzt nicht der richtige Zeitpunkt, um
damit zu beginnen, sich über die Umwelt Gedanken zu
machen. Indem Du in Zukunft weniger hast und weniger
kaufst, weniger verschwendest etc. wirst Du ohnehin viel
mehr als früher für die Umwelt tun!

Ebenfalls in die «Entsorgen»-Kategorie gehören Dinge, die Du nicht mehr willst, die aber so alt oder unansehnlich sind, dass sie nicht verschenkt oder verkauft werden können.

Weggeben

Hier kommt alles rein, wofür Du keine Verwendung mehr hast. Wie oben beschrieben kannst Du auch mehrere Kisten aufstellen mit verschiedenen Unterkategorien. Vieles kannst Du z.B. über Ricardo (Schweizer Online-Plattform für Auktionen) noch zu Geld machen. An Bastelmaterialien und Spielen haben Kindergärten, Schulen oder Kitas noch Freude. Brockenstuben nehmen ebenfalls einiges ab. Vielleicht magst Du auch einen Flohmarkt veranstalten oder kennst jemanden, der dies regelmässig tut. Bevor Du Dir nun aber noch ein Riesenprojekt mehr aufhalst, mach es Dir lieber einfach und verschenke die Sachen. Dieses Gefühl der Freiheit ist oft wertvoller als das Geld, das Du vielleicht noch irgendwann dafür bekommen könntest!

Platzwechsel

Ein grosser Fehler, der beim Aussortieren oft gemacht wird, ist, die Sachen, die eigentlich in ein anderes Zimmer gehören, sofort dorthin zu bringen. Denn dort sieht man dann weitere Dinge, die ebenfalls ausgemistet oder erledigt werden sollten – und so verzettelt man sich sehr schnell. Am Ende ist nichts richtig gemacht, alles angefangen. Deshalb kommt das, was nicht in diesen Raum gehört, in die Platzwechsel-Kiste (ausser, Du weisst sofort, dass es entsorgt werden muss, dann kannst Du das natürlich auch sofort tun). So bleibst Du konzentriert an Deiner Arbeit dran, ohne sie zu unterbrechen.

Hausaufgaben

Vielleicht bekommst Du Dinge in die Hände, die Dir nicht gehören. Die kannst Du natürlich nicht entsorgen! Da muss zuerst der Besitzer gefragt werden. Oder Du findest einen ganzen Pack alter Briefe, die Du noch einmal durchlesen möchtest, bevor Du Dich vielleicht davon trennen kannst. Um den «Flow» nicht zu unterbrechen, legst Du sie in die Hausaufgaben-Kiste. Genauso auch, wenn Du momentan einfach nicht weisst, was Du mit einem Gegenstand tun sollst.

Behalten

Es ist nicht gedacht, dass Du alles, was Du behalten willst, in diese Kiste legen sollst (dafür wäre sie wohl etwas zu klein). Hierhinein gehören die Dinge, die im Schrank/Regal jetzt im Moment einfach keinen Platz haben. Alles andere kannst Du mal ganz unsortiert im Raum stehen lassen (am besten natürlich versteckt, damit Du die neue «Leere» auf Dich wirken lassen kannst).

Das Ende einer Aufräumsession

Hast Du einige Stunden ausgemistet (ob am Stück oder nicht) bzw. sind die Kisten voll, dann geht es daran, den Abfall zu entsorgen (→ Container, Keller o.ä.), die Platzwechsel-Kiste zu leeren (→ die Dinge dahin stellen, wo sie momentan hingehören, es muss noch nicht perfekt sein, dieser Raum wird ja auch noch drankommen?!), die Dinge zu verschenken oder zu verkaufen (→ ich habe mir jeweils 3 Monate Zeit gegeben, dann wurde es entsorgt, wenn niemand es wollte) und die Hausaufgaben zu machen. Sind alle Kisten leer (bzw. die Weggeben-Kiste vorübergehend im Keller o.ä.), dann kannst Du eine neue Aufräumsession starten. So lange, bis der ganze Raum fertig ausgemistet ist.

Bevor Du Dein Büro ausmistest, lies bitte das Unterkapitel «Büro», da findest Du noch einige wichtige Tipps.

Das klingt natürlich etwas einfacher als es tatsächlich ist. Welche Schwierigkeiten dabei entstehen können, habe ich Dir im nächsten Kapitel aufgelistet.

Schwierigkeiten beim Ausmisten

Mein Partner macht nicht mit

Es ist in den seltensten Fällen so, dass der Partner genau die gleiche Vorstellung von Ordnung hat wie man selbst. Du bist mit diesem Problem also ganz sicher nicht allein! Wichtig ist, wie schon erwähnt, dass Du nur die Dinge aussortierst, die Dir gehören. Für Deinen Partner machst Du eine Kiste mit seinen (oder gemeinsamen) Dingen, die er dann noch durchschauen darf. Möchte er etwas davon behalten, dann musst Du das akzeptieren. Noch besser ist es, wenn Du in einem Raum oder Schrank beginnst, der ganz Dir gehört. Dann sieht er, wie Deine Vorstellung von Ordnung ist und erkennt im besten Fall auch, wie viel einfacher der Alltag wird, wenn Übersicht vorhanden ist.

Und was, wenn der Partner das exakte Gegenteil von Dir ist und sich von rein gar nichts trennen kann? Da gibt es ein paar Tipps:

- Reden, reden, reden. Und zwar auf Augenhöhe und respektvoll. Ihr sucht gemeinsam eine Lösung, die für beide stimmt. Seine Ordnung ist nicht falsch, nur anders.
- Eventuell macht es Sinn, Räume oder wenigstens Schränke/Bereiche zu definieren, die ganz ihm bzw. Dir gehören. Dort darf jeder seine Ordnung haben.
- Entsorge das, was zu entsorgen ist, möglichst schnell, sodass Dein Partner die Kisten nicht sieht (natürlich nur die Dinge, über die Du verfügen kannst).

- Nur wenn der Partner damit einverstanden ist, wäre es möglich, dass Du auch seine Dinge ausmistest, die Kisten mit den ausgemisteten Dingen allerdings auf den Dachboden/Keller stellst, sodass er sie bei Bedarf (also die Dinge, die er wirklich vermisst) wieder haben darf. Nach einem Jahr kann die Kiste (unbesehen!) entsorgt werden.

Wie funktioniert es mit Kindern?

Unabhängig vom Alter der Kinder solltest Du immer mit Deinen eigenen Räumlichkeiten beginnen – selbst wenn Dich die Unordnung im Kinderzimmer am meisten ärgert. Du bist das Vorbild. Solange Du Deine Dinge nicht in Ordnung halten kannst, darfst Du dies nicht von Deinen Kindern verlangen.

Bei mir war es so, dass die Kinder von ganz alleine auf die Idee gekommen sind, ihre Zimmer auch ausmisten zu wollen. Sollte das bei Dir auch so sein, darfst Du sie natürlich sehr gern dabei unterstützen! Bei kleinen Kindern entscheidest hauptsächlich Du, aber auch sie können entscheiden, ob sie ein Spiel gerne spielen oder nicht. Überfordere Dein Kleinkind jedoch nicht, indem Du ihm 10 Spiele zum Entscheiden hinstellst. Es wählt zwischen zwei Spielen. Auch da bietet sich die oben erwähnte Variante mit der Kiste auf dem Dachboden an.

Ein Schulkind kann mit Deiner Hilfe und vielen unterstützenden Fragen sehr gut ausmisten. Hier ist vor allem wichtig, dass Du Dein Kind entscheiden lässt und seine Entscheidung auch akzeptierst. Es soll nicht Dein

Traumzimmer entstehen, sondern seins! Den Teenager fragst Du, ob und wieviel Hilfe er sich von Dir wünscht. Da Du bei Deinen Kindern als Coach fungierst, ist es noch wichtiger, dass Du zuerst durch das Ausmisten Deiner eigenen Dinge Erfahrungen sammelst!

Ich kann einfach nicht loslassen

Loslassen will gelernt sein! Wenn Dir dies Mühe bereitet, hat es praktisch immer mit Angst zu tun.

Angst, etwas zu vermissen

«Irgendwann brauche ich dieses Gerät vielleicht noch.»

«Daraus könnte ich noch etwas basteln – wäre ärgerlich, wenn ich es dann nicht hätte und es neu kaufen müsste.»

Diese Angst ist tief im Menschen verwurzelt. Der Mensch will «haben», der Besitz gibt ihm eine gewisse Sicherheit. Vor einigen hundert Jahren war es ja auch durchaus wichtig zu horten, denn Im schlimmsten Fall waren die benötigten Lebensmittel oder Waren gerade nicht verfügbar und man verhungerte oder erfror, wenn man nicht vorsorgte.

Aber mal ehrlich, was passiert heute im schlimmsten Fall? Wir haben keinen Haarföhn und müssen die Haare an der Luft trocknen lassen. Oder wir leihen uns einen Haarföhn vom Nachbarn aus. Oder wir kaufen uns einen (vielleicht gebraucht), wenn wir merken, dass wir ihn jetzt doch wieder regelmässig brauchen würden. Es gibt fast immer Alternativen, wenn man etwas kreativ ist. Und wenn man genügend Platz für den Haarföhn hat, könnte man ihn dann nicht von Vornherein behalten? Doch, klar! Bedenke einfach Folgendes: Wenn Du den Haarföhn seit einem Jahr oder länger nicht benutzt hast und ihn nur behältst, weil Du ihn vielleicht irgendwann doch wieder brauchen wirst, dann lebst Du ständig in der Zukunft («ständig», da Du sicher nicht nur den Haarföhn behalten wirst, sondern zig andere Dinge, die Du irgendwann wieder benutzen könntest). In der Gegenwart musst Du den Platz abtreten für etwas, was Du nicht brauchst (das, was Du brauchst, ist vielleicht dafür unangenehm in eine Schublade gestopft). Du musst den Föhn evtl. zum Putzen der Schublade herausnehmen. Alles für eine Zukunft, die vielleicht gar nie kommen wird. Wie schön wäre es doch, in der Gegenwart zu leben und umgeben zu sein von den Dingen, die Du jetzt brauchst und liebst?! Wieviel lieber organisierst und putzt Du diese Dinge!

Natürlich gibt es die «Sammler», die nicht nur Besitz für ihr Wohlbefinden brauchen, sondern sich auch wirklich an ihren Sammlungen freuen. Die werden sicher nie minimalistisch leben – und das müssen sie auch nicht. Falls Du zu denen gehörst, lohnt es sich erst recht, am Projekt «Maximal minimal» dranzubleiben. Vielleicht kannst Du Dich trotzdem von einigen Dingen trennen und aus Deinen Sammlungen die «Schätze» herausfiltern. Diese kommen dann auch viel besser zur Geltung und machen Dir noch mehr Freude!

Es gibt natürlich auch krankhaftes Sammeln, auf das hier nicht eingegangen werden kann (Thema «Messie»). Solltest Du das Gefühl haben, betroffen zu sein, empfehle ich dringend, einen Psychologen aufzusuchen, da es nicht möglich ist, durch reine Disziplin und mithilfe von Tipps eine Krankheit in den Griff zu bekommen.

Angst zu verschwenden

Gerade, wenn Du schon etwas älter bist, wirst Du so erzogen worden sein, dass man nichts wegwirft, was noch gut ist. Heute leben wir in einer Wegwerf-Gesellschaft, was ganz sicher auch nicht richtig ist. Aber: Ganz Vieles, was Du nur behältst, um nichts zu verschwenden, kannst Du noch verschenken. Einiges allerdings nicht (z.B. Bleistiftstummel). Da gilt es, Dich wirklich ehrlich zu fragen, wieviel davon Du Zeit Deines Lebens noch brauchen wirst. Hast Du eine ganze Schublade voller Streichhölzer und zündest Du regelmässig damit Kerzen an, dann behalte sie und kaufe nie mehr neue (und nimm künftig keine mehr als Gratisgeschenke an). Hast Du eine ganze Schublade voller Bleistifte, schreibst aber lieber mit Kugelschreiber, dann macht es mehr Sinn, sie wegzuwerfen, anstatt sie aufzuheben, «um sie nicht zu verschwenden». Was nämlich ganz oft vergessen wird: Nicht nur die Bleistifte sind Ressourcen, die verschwendet werden können, sondern auch Deine Zeit, Energie, der Platz in Deinem Zuhause! Auch die gilt es zu schonen!

Angst zu beleidigen

«Das war ein Geschenk!» Ein sehr heikles Thema. Wenn Du gleich zu Beginn Deiner Ausmistaktion auf Geschenke stösst, dann lege sie in die Hausaufgabenkiste (oder eine spezielle «Geschenke-Kiste»). Geschenke (und Erinnerungen) ausmisten ist etwas vom Schwierigsten und sollte keinesfalls als Erstes gemacht werden. Dafür musst Du Deine «Loslass-Muskeln» schon gut trainiert haben!

Richtig ist ganz sicher: Ein Geschenk hat den Zweck, dem Beschenkten (also Dir) Freude zu bereiten – und zwar durch das Schenken an sich. Hast Du Dich über das Geschenk gefreut, bzw. daran, dass der Schenkende an Dich gedacht hat, dann ist der Zweck des Geschenks bereits erfüllt. Ausserdem gehört es nun ganz Dir, ohne dass der Schenkende noch irgendeinen Anspruch darauf hätte. Damit gelten dieselben Regeln für dieses Geschenk wie für alle anderen Sachen auch: Brauchst Du es und/oder liebst Du es? Wenn ja, soll es bleiben, wenn nicht, darfst Du es ohne schlechtes Gewissen loslassen.

Ist es etwas sehr Persönliches (selbst gestrickt, genäht, gezeichnet o.ä.), kannst Du den Schenkenden auch fragen, ob er es gerne zurückhätte. Dies erfordert jedoch viel Fingerspitzengefühl und gute Kenntnis der betreffenden Person.

Damit Du in Zukunft nicht zu oft vor solchen schwierigen Entscheidungen stehst, ist es wichtig, offen in Deinem Umfeld zu kommunizieren, dass Du minimalistisch leben oder einfach weniger Dinge haben möchtest. So können Dir Gäste statt Deko-Elemente z.B. Blumen mitbringen oder Lebensmittel. Dasselbe zu Weihnachten oder Geburtstag – sprich mit Deiner Familie und Deinen Freunden darüber, dass Du lieber «Erlebnisse» statt Materiellem bekommen würdest. Auch den Kindern kann man tolle Gutscheine für Freizeitparks, Kino und Co. schenken – neben kleineren, sinnvollen materiellen Geschenken, denn gerade kleine Kinder leben im Hier und Jetzt und können mit Gutscheinen noch herzlich wenig anfangen.

Angst zu vergessen

Was tun mit Fotoalben oder anderen Erinnerungen? Zunächst einmal gehören diese Dinge ebenfalls in die

Kategorie, die erst später ausgemistet werden sollte. Dann, wenn Du selbst gespürt hast, wie gut Dir das Loslassen tut.

Denke immer daran: Behalten wird das, was Du brauchst und/oder liebst! Benutzt Du die Fotoalben also regelmässig, weil Du es einfach liebst, in der Vergangenheit zu schwelgen und Du so auch entspannst (und Entspannung einer Deiner Werte ist), dann behalte sie unbedingt! Liebst Du einfach einzelne Fotos darin, kannst Du sie entweder digitalisieren oder sogar eine Fotocollage für eine Wand erstellen.

Ganz häufig ist es aber so, dass das Fotoalbum in einem Schrank oder sogar einer Kiste auf dem Dachboden steht und dort seit Jahren nicht mehr angefasst wurde. Warum kann es nicht weg? Weil man Angst hat, die darauf abgebildeten Personen zu vergessen oder den Ausflug 1994, der so schön war...

Ganz ehrlich: Würdest Du Deine Grosseltern vergessen, wenn Du keine Fotos mehr von ihnen hättest? Unwahrscheinlich. Und wenn Du den Ausflug von damals vergessen würdest – wäre das dann so schlimm? Alles Wichtige hat Dich geprägt und zu dem Menschen gemacht, der Du heute bist. Das wirst Du nicht vergessen!

Natürlich ist es trotzdem nicht verboten, Erinnerungen zu behalten – wenn es positive Erinnerungen sind und Du Dich jedes Mal, wenn Du sie siehst, daran freust. Und: Je weniger Du davon hast, desto wertvoller sind die Vorhandenen! Sehr oft braucht es gar nicht das physische Ding – ein digitales Foto davon reicht. Selbst wenn Du es nie mehr anschauen wirst, es beruhigt Dich, zu wissen, dass es noch da wäre – ohne viel Platz zu verschwenden. Noch schöner ist es natürlich, wenn diese wichtigen Erinnerungen einen prominenten Platz in Deinem Zuhause bekommen.

Ich hoffe, dass Dir diese Tipps für die gängigsten Schwierigkeiten beim Ausmisten schon weitergeholfen haben! Sollte Dein Thema hier nicht auftauchen, empfehle ich Dir Selim Tolgas Buch. In «Minimalismus leben für Dummies» wird noch viel genauer auf solche Schwierigkeiten eingegangen. Oder aber Du meldest Dich bei mir. Ich stehe Dir sehr gerne als Coach zur Verfügung.

Checkliste:

- o   Ich habe einen Raum komplett ausgemistet.
- o   Ich habe die Hausaufgaben-Kiste geleert.
- o   Ich habe die Platzwechsel-Kiste geleert.
- o   Ich habe die aussortierten Dinge verschenkt bzw. alles in die Wege geleitet, sie zu verkaufen.

Einrichten und ordnen

Da ist er: Mein absoluter Lieblingsschritt des Projekts! Man fühlt sich fast, als würde man ganz neu in eine Wohnung einziehen. Alles ist möglich, (fast) nichts ist gesetzt! Bevor Du nun daran gehst, allem, was Du behalten wirst, einen festen Platz zuzuweisen, lies unbedingt dieses Kapitel durch.

Regeln fürs Einrichten

Zuerst sollen einige grundlegende «Regeln» zu Wort kommen, bevor es dann in den weiteren Kapiteln ganz spezifisch um die einzelnen Räume geht.

Als Erstes räumst Du wirklich alles aus dem Bereich, den Du neu einrichten möchtest, aus. Dies gilt sogar für Möbel – zumindest für die kleinen, die Du nicht auf jeden Fall behalten willst (bei den grossen natürlich nur, wenn Du sie sicher nicht behalten willst). Wie Du das mit den Möbeln handhabst, hängt davon ab, wie offen Du bist und wie viel Budget für die neue Ordnung vorhanden ist.[9]

---

[9] Auch da gilt natürlich, dass gebrauchte Möbel (z.B. auf www.ricardo.ch oder in Brockenhäusern) günstig erhältlich sind. Und trotzdem: Warte mit dem Kauf, bis Du mit Deinem Aufräum-Projekt durch bist!

Drei Ebenen beachten

Wie bereits am Anfang, als Du Dir Dein Traumzimmer vorgestellt hast, überlegst Du nun (falls nötig) noch einmal, welche Dinge Du täglich oder zumindest wöchentlich brauchst. Diese sollen als Erstes ihren Platz erhalten – und zwar auf Augenhöhe (von da gemessen, wo Du bei Benutzung des Gegenstandes stehst, sitzt oder liegst). Nichts anderes sollte vor diesen Dingen stehen oder auf ihnen drauf liegen. Es ist wichtig, dass Du sie ohne Mühe hervornehmen und auch wieder dahin zurücklegen kannst. Nur so gewährleistest Du, die Dinge auch im stressigen Alltag nach Benutzung wieder an ihren Platz zu legen.

Sind diese Dinge optimal verstaut, nimmst Du Dich der Dinge an, die Du nicht so oft brauchst (aber doch mehrmals jährlich). Diese dürfen auch ganz unten oder ganz oben in einem Schrank stehen oder sich hinter den häufig verwendeten Gegenständen befinden.

Die Sachen, die nur einmal jährlich Verwendung finden (z.B. saisonale Dinge, Weihnachtsdeko), die lagerst Du am besten im Keller oder auf dem Dachboden, damit sie Deinen Wohnraum nicht in Beschlag nehmen.

Zuletzt stellst oder hängst Du die Deko auf, die Dir wichtig ist (dazu in den folgenden Unterkapiteln noch mehr).

Nutze Boxen

Ein ganz einfacher, aber sehr wirkungsvoller Tipp ist, viele Boxen zu verwenden. Der Vorteil von Boxen ist:

- Es sieht viel ordentlicher aus.

- Es ist strukturierter, man findet die Dinge also einfacher, hat mehr Übersicht.
- Man kann die ganze Box schnell herausheben, um die Schublade zu putzen.
- Man kann die Boxen bei Bedarf stapeln (z.B. im Keller). Sind sie durchsichtig, kann sich weniger «Ramsch» ansammeln.
- Sie begrenzen den Platz automatisch (in diese Box und nur in diese Box gehören die Streichholz-schachteln …).

Je nachdem, ob die Boxen in einem offenen Regal stehen oder im geschlossenen Schrank, können sie ästhetisch ansprechend oder einfach nur praktisch durchsichtig sein.

Tipp: Verwende zuerst Kisten, Schachteln, Schuhkartons etc., die Du bereits hast. Du wirst erst mit der Zeit merken, welche Grösse wofür passend ist und wie viele Kisten Du überhaupt brauchst. Es wäre pure Geldverschwendung, zu Beginn des Projekts diverse schöne Boxen zu kaufen, nur um dann festzustellen, dass Du schon ganz viele hast bzw. die Gekauften zu gross oder zu klein sind.

Beschrifte Deine Ordnung

Die Beschriftung ist ein Thema, an dem sich die Geister scheiden: Manche nehmen es begeistert auf, andere stösst es ab, weil es für sie zu «zwanghaft» erscheint.

Ich bin ein grosser Befürworter von Etiketten. Warum?

- Nicht nur Du, sondern die ganze Familie weiss auf diese Weise genau, wo was hingehört.

- Du selbst weisst (zumindest anfangs) vielleicht auch nicht mehr ganz genau, was in dieser einen Schublade vorgesehen war. Da hilft die Beschriftung.
- Die Beschriftung setzt eine klare Grenze. Wenn ein Schrankregal mit «Vasen» beschriftet ist, wirst Du weder die Batterien dort verstauen, noch wirst Du die Vasen, die dort keinen Platz mehr finden, aufs untere Regalbrett (wo «Elektronische Geräte» steht) stellen. Nein, Du wirst die Vasen ausmisten oder besser noch, gar nicht erst neue Vasen kaufen, wenn es auf dem Regal keinen Platz mehr hat!

Tipp: Nimm zur Beschriftung zuerst ein Malerkreppband und einen Marker. Dann warte mal ab, ob die neue Ordnung so praktisch ist, wie Du sie Dir vorgestellt hast. Es kann nämlich gut sein, dass Du danach doch noch einmal etwas umstellen magst. Nach frühstens zwei Wochen (oder besser noch, wenn Du alle Räume minimalisiert hast), kannst Du die Beschriftung mit einem Etikettiergerät vornehmen (oder mit dem Computer o.ä.).[10]

Grenzen setzen

Wie beim Thema «Boxen» und auch «Beschriften» schon angedeutet, ist es absolut unerlässlich, sich selbst und den Dingen Grenzen zu setzen. Würdest Du in eine grössere Wohnung umziehen (ohne, dass sich Deine Situation verändert), hättest also ab sofort ein Zimmer mehr zur

---

[10] Etikettiergeräte gibt es schon ab Fr. 35.- neu zu kaufen (gebraucht noch billiger – oder Du kannst es Dir ausleihen). Teurer sind die Bänder dazu. Ich persönlich finde, es lohnt sich, da etwas zu investieren... Wenn Du mich als Coach buchst, bringe ich das Gerät natürlich mit.

Verfügung – ich wette mit Dir, dass dieses Zimmer nicht leer stünde. Obwohl Du jetzt auch ohne es auskommst. Die Dinge bzw. wir selbst breiten uns aus, und zwar mindestens so sehr, wie wir Platz haben. Es gibt Leute, die misten nicht aus, sondern mieten sich einen zusätzlichen Lagerraum an. Das Problem ist damit jedoch nicht gelöst, denn auch dieser wird irgendwann voll sein ... Die einzige Lösung des Problems ist es, sich zu begrenzen. Wo die Grenze ist, entscheidest Du (bzw. zusammen mit Deinem Partner). Vielleicht reicht Dir eine Kommode für Deine Kleider, vielleicht brauchst Du einen 3m breiten Schrank? Du setzt die Grenze, die für Dich passt – und zwar jetzt, beim Einrichten.

Wie entscheidest Du das? Da gibt es zwei grobe Richtungen:

- Du hast z.B. Deine Kleider ausgemistet und besitzt jetzt nur das, was Du brauchst und liebst. Das muss Platz haben. Die Kleidermenge bestimmt also, welches Möbelstück passend ist. Du beschriftest die Regale so, wie Du es eingerichtet hast. Vorteil: Es passt perfekt zu Dir. Nachteil: Du musst evtl. einen neuen, kleineren Schrank kaufen oder hast einen viel zu grossen, halbleeren Schrank (den Du natürlich mit anderen Sachen füllen kannst – das Möbelstück, in dem sie vorher waren, kann nun weg).

- Oder Du machst es umgekehrt. Du hast ein Möbelstück für Deine Kleider (oder kaufst extra eines in der Grösse, die Du möchtest) und die Kleidermenge passt sich an. Evtl. kannst Du weniger stark ausmisten oder aber Du mistest noch einmal aus, weil Du Dich für ein kleines Möbelstück entschieden hast. Vorteil: Du hast so Dein

Traumzimmer; Du kannst noch mehr minimalisieren, wenn das Dein Ziel ist. Nachteil: Du hast entweder mehr oder weniger Kleider als Du brauchst und liebst.

Mache es nach der Variante, die Dich eher anspricht. Hauptsache, Du setzt Grenzen!

Leere zulassen

Wir Menschen neigen dazu, alles auszufüllen: Kein Raum unserer Wohnung ist leer, kein Wochentag ohne einen einzigen Termin, keine Wand ohne Deko, kein Schrank ohne Inhalt. Zumindest ist es bei den wenigsten Leuten der Fall, dass Leere herrscht. Denn tatsächlich braucht es Überwindung, sie zuzulassen. Vielleicht fragst Du Dich jetzt, wozu dies überhaupt gut sein sollte?

- Eine Schublade, die zu ungefähr 30% leer ist, ist viel praktischer. Sie klemmt nicht, weil sich ein Ding verhakt hat, Du siehst alles auf einen Blick und du kannst die Dinge mühelos herausnehmen und wieder versorgen. Genauso gilt dies natürlich für einen Schrank.
- Eine Wand, die leer ist oder nur von einem einzigen Bild verziert wird, strahlt eine angenehme Ruhe aus. Ja, anfangs wirkt es vielleicht kahl, aber Du wirst es nach zwei Wochen geniessen (und wenn nicht, kannst Du es ja wieder ändern). Bonus: Das Bild, das Dir sicher wichtig ist, kommt viel besser zur Geltung (s. unten).
- Eine Stellfläche, die leer ist oder nur ein einziges Deko-Element enthält, wirkt nicht nur aufgeräumt, sondern ist auch einfacher sauber zu halten. Dazu

kommt, dass Dir die Fläche zur freien Verfügung steht: zum Essen, Kleider zusammenlegen, etwas kurz abzustellen, Gesellschaftsspiele spielen … Die Dekoration, die Dir wichtig genug ist, dass Du sie behalten hast, kommt ausserdem sehr viel stärker zur Geltung.

- Ach ja – wenn nichts dasteht, werden auch Deine Mitbewohner viel weniger auf die Idee kommen, etwas hinzustellen. Eine Zeitung auf dem Tisch lädt förmlich dazu ein, auch noch ein Glas, einen Brief und ein Spielzeug dazuzulegen!
- Über den freien Boden muss ich wohl nichts sagen – die Vorteile sind klar.
- Es geht allerdings nicht nur um die Leere im Raum: «Leere» im Terminkalender wirkt Wunder für Deine Psyche: Weniger Stress, mehr Erholung, bessere Gesundheit, mehr Kreativität, mehr Ausgeglichenheit (s. dazu auch Kapitel «Ausmisten – 2. Teil»)

Nach Kategorien sortieren?

In fast allen Ordnungsratgebern kannst Du lesen, dass Gleiches zu Gleichem gehört. Das hat natürlich den Vorteil, dass Du genau weisst, wo Du was hast und ob noch genügend Vorrat davon da ist. Ist im Wandschrank im 1. OG kein Haushaltspapier mehr drin, dann musst Du Neues kaufen, denn Du weisst, dass es nicht auch noch welches im Keller hat.

Grundsätzlich stimme ich diesem «Gesetz» auch zu. Es gibt aber meiner Meinung nach einige Ausnahmen. Wohnst Du auf mehreren Stockwerken, kann es durchaus sinnvoll sein, auf jedem Stockwerk entsprechende Putzmittel zu haben. Vor allem, wenn einer Deiner Werte Leichtigkeit ist. Ein Stift in der Küche, wo Du ganz schnell die Einkaufsliste komplettieren kannst, ist ebenfalls praktisch – auch wenn Deine Stifte eigentlich im Büro sind. Das «Gesetz» «Gleiches zu Gleichem» soll also eher eine Richtung angeben, als Dich als grundsätzliches Prinzip einzuschränken.

Ein ganz wichtiger Punkt ist auch, dass nicht jeder Mensch gleich tickt (ich weiss, ganz neue Erkenntnis!). Menschen, die eher logisch und strukturiert denken, mit Listen arbeiten und gerne planen, denen kann das Sortieren nach Kategorien grosse Klarheit und auch Freude bringen. Gehörst Du aber eher zu den Menschen, die flexibel sind, alles spontan entscheiden, ihrer Kreativität freien Lauf lassen wollen, dann kann Dich das Sortieren nach Kategorien in ein System pressen, dass nicht zu Dir passt. Sehr wahrscheinlich, hast Du die Dinge dann lieber genau da, wo Du sie auch verwendest. Dann würdest Du einen Schraubenzieher z.B. bei den Putz- oder Waschmitteln haben, weil Du ihn in der Regel brauchst, um die Vorhänge abzuhängen, die Du waschen willst.

Ich hingegen, die ich zum ersten Typ Mensch gehöre, habe den Schraubenzieher in der Werkstatt (bei den anderen Schraubenziehern: denn ich entscheide hier nach dem Prinzip «Gleiches zu Gleichem»), auch wenn ich dafür drei Treppen laufen muss, wenn ich die Vorhänge runternehmen will. Es gibt da kein falsch oder richtig – finde für Dich heraus, was besser zu Dir passt.

Mit Dekoration sparen

Wie schon mehrmals angesprochen kommt ein Deko-Element mehr zur Geltung, wenn es nicht zwischen fünf anderen Elementen steht.

Möchtest Du Dich nicht mit einer einzelnen Kerze zufriedengeben, kannst Du unter die vier oder auch zehn Kerzen ein Tablett oder einen Teller legen. Gleich wirkt das Deko-Element aufgeräumter (selbst wenn die Kerzen farblich nicht perfekt zusammenpassen) – das Auge nimmt es als ein einziges Element wahr. Hier gilt erneut das «Gesetz» «Gleiches zu Gleichem» sehr stark. Wenn Du die drei Vasen zusammen gruppierst und die vier Blumentöpfe ebenfalls, wirkt der Sims viel weniger überladen als wenn Du alles wild durchmischst.

Dies gilt noch mehr, wenn Du etwas sammelst – seien das Muscheln oder Pinguine. Wenn Du einen Bereich festlegst, wo das Gesammelte sein darf, wirkt es ordentlich, und zugleich beschränkst Du Dich auch wieder, sodass das Sammeln nicht überhandnehmen und Dein ganzes Leben bestimmen kann. Die Muscheln kannst Du z.B. in ein grosses Glas mit Sand legen. Die Pinguine (selbstverständlich nur die «Schätze», also Deine Schönsten) auf ein Regal stellen.

Dasselbe gilt auch für Erinnerungen, die Du nicht loslassen kannst. Mach Dir eine Art «Schrein». Nimm ausgewählte Gegenstände der Person (oder Tätigkeit, Land o.ä.) und ordne sie schön an. So siehst Du sie täglich und freust Dich daran. Und wenn Du dann merkst, dass die Freude abgenommen hat, darfst Du Dir erlauben, sie zu entsorgen.

Auf dem Dachboden bringen die Erinnerungen auf jeden Fall niemandem etwas.

Kannst Du keine Geburtstags- oder Weihnachtskarte, die Du erhalten hast, wegwerfen, kannst Du eine Schnur zwischen zwei Nägeln spannen und mit Wäscheklammern o.ä. die neusten Karten aufhängen. Wenn Dein Budget es zulässt, gibt es natürlich auch schöne Kartenhalter aus Metall. Hat es keinen Platz mehr, entsorgst Du die älteste Karte. Wie lange die Schnur bzw. wie gross der Kartenhalter sein soll, bestimmst wiederum Du – es ist die «Grenze» für die Karten. Funktioniert auch mit Babyfotos, Hochzeitseinladungen oder Magazinen …

Rundgang durchs Haus

Soweit die allgemeinen «Regeln» zum Ausmisten und Aufräumen. Nun möchte ich Dich durch jedes einzelne Zimmer mitnehmen und Dir passend dazu weitere Tipps geben.

Wie auch in den vergangenen Kapiteln gilt natürlich: Nimm für Dich heraus, was zu Dir und Deiner Familie passt. Sei experimentierfreudig: Vielleicht magst Du auch einfach mal etwas ausprobieren? Du kannst es ja wieder ändern, wenn Du nach einer Gewöhnungsphase von zwei, drei Wochen damit nicht warm geworden bist.

Eingangsbereich / Flur

Je weniger Gegenstände sichtbar sind, desto ruhiger wirkt der Raum. Dies könnte man natürlich von jedem Raum sagen. Der Eingangsbereich ist jedoch das Aushängeschild Deines

Zuhauses – nicht nur für Besucher und Postboten; auch für Dich selbst macht es einen Unterschied, wie Du von Deinem Zuhause «empfangen» wirst.

Wenn nur die Jacken und Schuhe, die gerade in Gebrauch sind, zu sehen sind, hast Du schon viel erreicht, ohne dass Du Dir geschlossene Garderobenschränke kaufen musst.

Hast Du kein eigenes Eingangszimmer, sondern Du stehst direkt im Flur der Wohnung, der die anderen Zimmer miteinander verbindet und deshalb wirklich «Teil der Wohnung» ist, kann es Sinn machen, die Schuhe und die vielleicht nassen Jacken bereits vor der Wohnungstür auszuziehen, um den Flur sauber zu halten.

Sehr sinnvoll ist eine Box oder eine freie Fläche, die Du zum «Ausgangsdepot» erklärst. Hier dürfen und sollen die Dinge liegen, die aus dem Haus müssen: Post zum Einwerfen oder Bücher, die Du ausgeliehen hast und zurückgeben musst. Wenn der Raum sonst sehr aufgeräumt ist, wirst Du diese Dinge einerseits schnell sehen und andererseits auch schnell loswerden wollen, weil sie Dich stören. Wenn Du wirklich gar nichts herumliegen haben willst, kannst Du das «Ausgangsdepot» auch versteckt gestalten – dann lautet die Routine aber, immer, wenn Du das Haus verlässt, noch schnell in diesen Schrank zu schauen ...

Küche / Vorratsraum

Die Küche ist ein Raum, in dem Hygiene eine ganz wichtige Rolle spielt. Damit dies möglichst einfach machbar ist, ist das Gesetz der Leere hier besonders wichtig und hilfreich. Auf der Küchenablage sollten nur die Geräte sein, die Du wirklich täglich brauchst (wie z.B. Wasserkocher) oder die zu schwer sind, um sie irgendwo hervorzuholen (z.B. Kitchenaid, Thermomix …). Damit ist die Fläche im Nu abgewischt und Du hast erst noch eine grössere Arbeitsfläche.

In vielen Küchenschränken ist es so, dass nur die Hausherrin weiss, wie die Schüsseln oder Pfannen eingeordnet werden müssen, damit sie Platz haben. Auch hier gilt die Regel, die Schränke nur 70% zu füllen. Vor allem bei regelmässig verwendeten Kochutensilien erleichterst Du Dir das Leben ungemein.

Die zahlreichen Back- und Kochzutaten finden in diversen Boxen (mit Unterteilungen) ihren Platz, denn gerade Schubladen und Schränke, die auch Mehl enthalten, wirst Du häufiger auswischen müssen. Um ein ästhetisches Bild zu bekommen, kannst Du natürlich alle Gewürze und alle Vorräte in identische Gläser umfüllen – das muss jedoch überhaupt nicht sein, um einen ordentlichen Haushalt zu führen. Wichtig ist, dass die offenen Packungen (von Mehl, Reis etc.) umgefüllt werden, damit alles gut verschlossen ist und Du auf einen Blick siehst, was drin ist.

Der Umwelt zuliebe machen Glasbehälter mehr Sinn als solche aus Plastik – das heisst aber nicht, dass Du jetzt alle Deine Tupperware wegwerfen sollst! Gebrauche die Behältnisse, solange sie noch gut sind und ersetze sie dann durch solche aus Glas.

Gerade das Thema «Gewürze» ist in vielen Haushalten ein Problem. Du probierst einmal ein exotisches Rezept aus und brauchst dafür allerlei exotische Gewürze – die Du danach aber nie mehr benutzt. Überlege Dir also gut, welche Gewürze Du wirklich regelmässig benutzt, sodass sie nicht ablaufen (auch wenn sie nicht «schlecht» werden, verlieren sie doch an Geschmack – und was bringen sie dann noch?). Oft kannst Du ein Gewürz auch weglassen oder mit anderem ersetzen, ohne dass das Gericht deshalb schlechter schmeckt. Und wenn Du für ein Essen mit Gästen unbedingt Tamarindenpaste brauchst, dann plane in den nächsten Wochen immer wieder bewusst solche Gerichte ein, um sie aufzubrauchen.

Küchengeräte, die Du mehrmals jährlich verwendest, sollten in der Küche verstaut werden (oder zumindest in einem Zimmer nebenan, z.B. im Esszimmer). Das Fonduegeschirr, das nur zu Silvester hervorgeholt wird, kann ruhig in den Keller (in eine beschriftete Box!).

Hast Du auch nach dem Ausmisten noch mehrere Geschirrservices? Vielleicht hast Du eines für den Alltag und eines für Besuch? Dann kann das für Besuch ruhig in eine Vitrine im Esszimmer und gleichzeitig noch als Deko dienen. Aber vielleicht «ehrst» Du Deine Familie und Dich selbst auch, indem Du im Alltag «das gute Geschirr» benutzt?

Eine Magnettafel oder der magnetische Kühlschrank bieten gute Möglichkeiten, die Menüs für die ganze Woche der Familie zugänglich zu machen und gleichzeitig die Einkaufsliste immer wieder zu ergänzen bzw. zu vermerken, welche «Reste» noch verwertet werden sollten (s. dazu Kapitel «Die Menüplanung»). Auch Essenswünsche der Familie können hier für die nächste Planung Platz finden.

Zum Thema Vorratshaltung habe ich im gleichnamigen Kapitel schon einiges geschrieben.

Badezimmer

Wie in allen Zimmern gilt die Frage, was Du hier tust bzw. Dir davon wünschst. Liebst Du Wellness-Ferien? Dann erschaffe Dir zu Hause eine kleine Wellness-Oase. Was macht ein tolles Badezimmer in einem Hotel aus? Es ist sauber, alles, was Du brauchst, ist griffbereit und es liegt sehr wenig herum (zumindest, bevor Du es in Beschlag nimmst). In einem Wellness-Hotel kommen Kerzen, ruhige Musik und gedämpftes Licht hinzu. Voilà!

Willst Du Dich in Deinem Bad einfach nur für den Tag fertig machen, dann kannst Du Dir die Kerzen und die Musik sparen. Aber das andere, dass möglichst wenig herumliegt, hilft Dir auch beim Thema Effektivität!

Eine schnelle Wirkung für Ruhe und Leichtigkeit (in Coachings sehr häufig genannte Werte) erzielt Folgendes:

- Handtücher derselben Farbe.
- Duschmittel in Glasspender umfüllen – ist praktisch und sieht viel ordentlicher aus. Wenn Du dann noch Nachfüllbeutel kaufst, tust Du auch gleich was für die Umwelt.
- Dusche nach Benutzung mit einem Schaber abziehen und mit einem Lappen trockenwischen. Das dauert keine Minute und die Dusche bleibt kalkfrei. Dasselbe gilt natürlich fürs Baden. Zum Putzen später aber mehr.
- Vorräte und Putzmittel entweder nicht im Bad lagern oder dann versteckt. Es sieht sonst schnell wie ein Haushaltsraum aus.

- Crèmes, Bürsten und Parfümflaschen nicht offen herumstehen lassen, sondern in Spiegelschränken (oder in schönen Boxen) verstauen.

Esszimmer

Ob Du über ein separates Esszimmer verfügst, ein Wohn-Esszimmer hast oder Du in der Küche isst – das Wichtigste ist, dass der Esstisch immer leer ist. Es ist ein *Esstisch*. Ergo: Wenn nicht gerade das Essen darauf steht, hat er Pause. Natürlich kannst Du auf dem Tisch auch ein Puzzle oder ein Gesellschaftsspiel machen oder sogar daran arbeiten. Aber: Sofort danach wird er wieder leergeräumt. Deko sieht auf ihm zwar durchaus schön aus, ist aber nicht wirklich praktisch beim Putzen, Ordnung halten etc. – ist es Dir trotzdem so wichtig, dass Du das in Kauf nimmst? Dann ist es eine bewusste, überlegte Entscheidung und vollkommen in Ordnung!

Geschirr und Besteck sollten möglichst in der Nähe des Tisches sein, genauso wie Untersetzer, Servietten und ein Salz- und Pfeffer-Körbchen o.ä.

Auf Bildern von «Schöner Wohnen» etc. sieht man häufig einen wunderschönen Teppich unter dem Esstisch (oft sogar cremefarben!). Ich habe selten Unpraktischeres gesehen. Wenn Dein Wert «Leichtigkeit» ist, ist dies auf jeden Fall ein No-Go! Hast Du noch ganz kleine Kinder, kann es sinnvoll sein, unter dem Kinderstuhl eine Matte hinzulegen, wie man sie von Büros kennt: Diese Matte, die man unter den Schreibtischstuhl legt, um den Boden zu schützen. Sie ist schnell geputzt und verträgt bei Bedarf auch viel Wasser (zum Putzen oder aus Kinderbechern...).

Wohnzimmer

Hier ist es wirklich entscheidend zu bestimmen, was Du Dir vom Wohnzimmer erwartest: Wenn Du das Wohnzimmer nur für Gäste benutzt, dann braucht es in erster Linie genügend Sitzplätze und Abstellflächen für Gläser u.a. Ein Teppich ist eher unpraktisch, falls Deine Gäste die Schuhe anbehalten und in diesem Raum gegessen und getrunken wird. Möchtest Du Dich darin aber nach einem anstrengenden Tag hauptsächlich entspannen, dann ist es wichtig, dass Du gemütliches Licht (möglichst verschiedene kleine Lampen) hast, eine bequeme Sitzmöglichkeit und wenig, was das Auge stört. Geschlossene Schränke, eine einfache Wohnwand und wenig Bilder an den Wänden sorgen für Ruhe.

Ein Tipp für die diversen Lichter: Oft gibt es in Wohnzimmern mehrere Lichtschalter. Du kannst z.B. alle «Stimmungslichter» miteinander koppeln, sodass ein einziger Klick alle ein- und ausstellt. Denn ganz ehrlich – wer hat Zeit und Lust, jedes Mal fünf im ganzen Raum verteilte Lämpchen anzuschalten, um es gemütlich zu haben? Ich zumindest habe es regelmässig vergessen oder es war mir zu blöd. Der andere Schalter ist dann für das Deckenlicht, um etwas zu sehen.

Ist eine Problematik bei Dir, dass der Sofatisch immer überfüllt ist, dann ist ein einfaches Tischchen (ohne Schubladen, zweiten Boden ...) sehr hilfreich. Liest Du im Wohnzimmer Zeitungen oder Magazine, ist ein Zeitungsständer ideal, damit diese nicht herumliegen. Ist der Ständer voll, kommt das weg, was ganz rechts ist, während neue Magazine immer von links her eingefüllt werden.

Haushaltsraum

Mach es Dir unbedingt so leicht wie möglich! Auch wenn Du vielleicht nicht einen eigenen Haushaltsraum zur Verfügung hast, sondern die Waschmaschine im Badezimmer oder im Keller steht und Du keine fixe Bügelstation hast, hast Du Einfachheit verdient! Waschmittel sollten natürlich in der Nähe der Waschmaschine sein. Aber nicht unendlich viele: Es lohnt sich, sich da zu reduzieren: eines für Wolle und ein Vollwaschmittel für den Rest. Weichspüler sollten der Umwelt zuliebe sowieso möglichst vermieden werden. Je nach Kalkhaltigkeit des Wassers brauchst Du vielleicht noch ein Mittel oder eine Art, dem Kalk zu Leibe zu rücken.

Wohnst Du in einem Mehrfamilienhaus, kannst Du den Haushaltsraum natürlich nicht so einrichten, wie Du das möchtest. Auch da ist es aber sinnvoll, in einem Schrank in Deiner Wohnung alles, was Du zum Waschen brauchst, in einer Kiste beisammenzuhaben. So ist alles sofort griffbereit (→ Leichtigkeit, Effektivität).

Ob mit Tumbler oder an der Luft – sobald die Wäsche trocken ist, solltest Du es Dir zur Routine machen, sie gleich zusammenzulegen und zu versorgen (mehr dazu gleich). Liegt sie länger im Tumbler, beginnt die Wäsche zu müffeln. Ausserdem stehst Du sonst bald vor einem ganzen Berg Wäsche und die Versuchung, sie einfach von einem Ort zum anderen zu räumen, wird immer grösser.

Je nachdem, wie viel Bügelwäsche Du hast, kannst Du das Bügeln auch gleich in diese Routine einbauen oder aber es als Monatsroutine festhalten. Alles, was gebügelt werden muss, kommt (trocken!) in eine Kiste in den Schrank, wo auch Bügelbrett und Bügeleisen verstaut sind. Minimalistischer Tipp: Abgesehen von Herrenhemden, Damenblusen und Kleider aus Leinen muss nichts wirklich gebügelt werden – legst Du die Kleider richtig zusammen, gehen die Falten von selbst raus!

Und damit sind wir bereits bei einem grossen Thema: Wie sollen die Kleider gelagert bzw. gefaltet werden? Ich habe tatsächlich so ziemlich alle Varianten schon ausprobiert:

- Die herkömmliche Weise; alle T-Shirts werden aufeinandergestapelt. Der grosse Nachteil: Man sieht nicht unbedingt alle auf einen Blick, da sie nie alle genau gleich gross sind und sich überlappen. Und wenn man eines herausziehen will, sieht der ganze Stapel nicht mehr schön aus.
- Deshalb hatte ich es mit einer Faltvorlage aus Plastik versucht. Da werden wirklich alle genau gleich gross (was mein Herz höherschlagen liess). Nachteil: Die Faltvorlage braucht Platz und es bleibt der oben genannte Nachteil, wenn man eines rauszieht …
- Deshalb hatte ich mir kleine Plastikfächer besorgt, die unter jedes T-Shirt gelegt werden. Es sah weder schön aus, noch war es ökologisch oder preiswert.
- Die Konmari-Methode (von Marie Kondo), deren Faltweise berühmt geworden ist, hat mich vom Konzept her ziemlich überzeugt. Die T-Shirts werden in eine Schublade oder Box *gestellt* statt gelegt. So sieht man auf einen Blick, was man hat und kann auch eines rausziehen, während die anderen stehen bleiben – zumindest in der Theorie. Nachteil: Je nach

Stoff stehen die Kleider nicht wirklich. Wenn man Kinder hat, die die Kleider auch einfach mal unsanft rausziehen und sich dann doch für etwas anderes entscheiden, ist man für einen schönen Kleiderschrank ständig am Falten.

Ich habe also wirklich Vieles erprobt... Für mich hat sich nur ein Konzept wirklich bewährt: Päckchen machen! Diese Methode ist mein absoluter Favorit. Sie hat die Vorteile der Konmari-Methode, nämlich dass man alles sieht und rausnehmen kann. Aber: Die Päckchen sind sehr viel stabiler. So stabil, dass man die T-Shirt-Päckchen bei kleinen Kindern z.B. auch einfach in die T-Shirt-Schublade «werfen» kann (ohne Sortierung). Ausserdem kann man sie für die Ferien platzsparend wie sie sind in den Koffer legen. Verknittern können sie auch nicht. Ich kann Dir nur herzlich empfehlen, diese Methode mal auszuprobieren. Es braucht etwas Übung, aber mit der Zeit geht es ganz schnell. Ob Du die Päckchen dann schön und nach Farben sortiert einsortieren willst oder einfach in eine Schublade wirfst – das hängt ganz von Deinen Werten ab: Überblick und Ästhetik oder vor allem Leichtigkeit?

Hier die Anleitung zum Päckchen-Falten:

T-Shirt

1. T-Shirt (oder Shirt) flach auf eine Unterlage legen. Die Seite, die am Schluss zu sehen sein soll, zeigt nach unten.

2. Ärmel nach innen falten. Bei einem grossen T-Shirt (XXL) kannst Du die Seiten auch etwas nach innen falten (s. rechtes Bild). Das Päckchen wird ungefähr halb so hoch wie das T-Shirt jetzt breit ist.

3. Von oben und von unten jeweils in die Mitte falten. Dann die beiden Hälften zusammenklappen.

4. Eine Seite so weit in die Mitte legen, dass beide Seiten etwa gleich gross sind (also dritteln). Die andere Seite nicht einfach drüberlegen, sondern in die Lücke hineinlegen. Es braucht etwas Übung: Einfach mit der flachen Hand innen bis in die Ecken drücken. Auf der Rückseite sieht man schliesslich das Signet o.ä.

 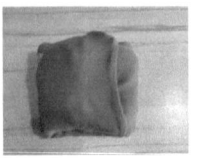 

Genauso funktionieren auch Shirts und dünnere Pullover. Dicke Wollpullover falte ich nach herkömmlicher Weise (die sieht man auch im Stapel gut). Blusen und Hemden empfehle ich, auf Bügel aufzuhängen.

Hosen:

1. Lege die Hose im Schritt gefaltet flach auf den Tisch. Den Spickel kannst Du nach innen falten (s. rechtes Bild).

2. Die Hose halbieren (Füsse zum Bund). Je nach Länge der Hose kann dieser Schritt auch ausgelassen werden. Dann hast Du wieder dasselbe Rechteck wie beim Oberteil (s. linkes Bild). Dritteln und innen in die Ecken drücken.

Schlafzimmer

Guter Schlaf ist extrem wichtig, um gesund und leistungsfähig sein zu können! Lass Dich also wenn möglich nicht vom Schlaf ablenken, indem Du Arbeitsutensilien im Schlafraum lagerst bzw. sogar eine vom Bett aus einsehbare Arbeitsecke darin erschaffst! Der Körper und Deine Psyche sollten wissen, dass sie in diesem Schlafzimmer zur Ruhe kommen dürfen und sollen. Ich persönlich habe deshalb weder Fernseher noch Handy/Telefon im Schlafzimmer. Konsequenterweise lade ich mein Handy daher ausserhalb des Schlafzimmers. Wie ich am Morgen wach werde? Ich nutze tatsächlich einen analogen Wecker! Wenn Du in einem Loft wohnst oder es sich einfach nicht machen lässt, Arbeitszimmer vom Schlafzimmer zu trennen, ist es umso wichtiger, das «Büro» komplett in einem Schrank/Sekretär zu verbergen bzw. mit Raumtrenner zu arbeiten – das kann ein Regal, ein Schrank oder ein Deko-Element sein. Eine Pflanze würde ich im Schlafzimmer nicht empfehlen, da sie – genau wie ein Teppich – Staub anzieht. Und Staub gibt es in einem Schlafzimmer nun mal viel. Ist Dein Wert Leichtigkeit und willst Du nicht mehrmals die Woche saugen und abstauben, sind Teppich, Pflanzen und zu viele unnötige Kissen tabu – zumindest, wenn Hygiene Dir ebenfalls wichtig ist. Kommen dann noch Asthma, Stauballergie o.ä. dazu, ist diese Einschränkung ein absolutes Muss!

Ist ein Problem, dass Dein Nachttisch von Dingen überquillt, kann es helfen, nur ein Tablar, einen Hocker oder je nach Bettmodell sogar nur das Kopfende des Bettes zu verwenden. Was musst Du wirklich *jede* Nacht sofort zur Hand haben? Ein Nachtlicht, einen Wecker (möglichst nicht das Handy),

Taschentücher, Handcrème, ein aktuelles Buch? Denk daran, dass diese Dinge meistens sehr nah bei Deinem Kopf sind und Du den Staub, der sich schon nach kurzer Zeit darin verfängt, wohl kaum Nacht für Nacht einatmen willst …

Zum Kleiderschrank habe ich schon einiges geschrieben. Egal wie gross oder klein, ob Kommode, Schrank, nur eine Stange oder begehbar – Du überlegst Dir als Erstes, ob Dein oberster Wert Übersicht, Ästhetik oder Leichtigkeit ist.

- Übersicht: Jedes Regal/Schublade ist angeschrieben; Gleiches kommt zu Gleichem; die Päckli-Faltmethode (s. S. 66) bietet sich an, um alle Shirts auf einen Blick zu sehen; unbedingt ca. 30% Leere zulassen und nichts hintereinander in den Schrank stellen (höchstens mit Boxen bzw. in Schubladen).

- Ästhetik: Innerhalb der Kategorie kannst Du (wie Marie Kondo es empfiehlt) die Kleidungsstücke nach Farben sortieren, von hell nach dunkel.[11] Wenn Du nicht ganz so weit gehen möchtest, hilft es auch schon enorm, wenn Du einheitliche, ansprechende Kleiderbügel verwendest. Welche Faltmethode Du für Shirts und Hosen verwendest, ist ganz individuell – was Dir (in diesem Fall: optisch) am besten gefällt.

---

[11] Bei Marie Kondo spielen Farbverlauf und Länge der Kleidungsstücke zusätzlich eine Rolle. Wenn Dich dies interessiert, kannst Du Dich gerne in ihr Buch «Magic Cleaning» vertiefen.

- **Leichtigkeit**: Die Päckli-Methode bietet sich auch da an – vor allem, weil Du die zusammengelegten Kleidungsstücke, wie bei den Kindern auch, einfach unsortiert in Boxen legen kannst. Das macht vor allem dann Sinn, wenn Du schon so minimalistisch lebst, dass so ziemlich alle Kleidungsstücke miteinander kombinierbar sind, da Du viele Basics hast und «Deine Farben». Für die Leichtigkeit kannst Du jetzt, da Du weniger Kleider hast, Sommer- und Winterkleider im Schrank haben. Damit entfallen das fachgerechte Versorgen und das Holen der saisonalen Kleidung.

Natürlich kannst Du auch die verschiedenen Tipps miteinander kombinieren.

Eine Frage taucht bei Coachings immer wieder auf: Wohin mit den Kleidern, die erst einmal getragen wurden und weder in den Schrank noch in den Wäschekorb gehören? Viele haben einen Stuhl, einen Kleiderständer oder sogar einfach einen Wäscheständer im Schlafzimmer stehen. Ein Problem ist dabei aber oft, dass sich die Kleider seit Tagen (oder länger) häufen und es eine grosse Überraschung ist, was denn da drunter noch zum Vorschein kommt. Natürlich riechen die Kleider zudem dann nicht mehr frisch und ja – auch hier setzt sich Staub an. Es ist klar, dass mir dann keine vier paar Hosen reichen, wenn drei davon, mittlerweile unbenutzbar und vergessen, regelmässig unter dem Kleiderberg liegen ...

Vielleicht ist durchs Ausmisten eine Schublade leer geworden? Warum nicht die für diese Kleider nutzen?

Vielleicht denkst Du jetzt, das beginnt doch zu müffeln?! Wenn die Kleider nach dem Tragen nicht mehr gut riechen, Du stark geschwitzt hast, kommen Sie sowieso in die Schmutzwäsche. Und Sinn der Sache ist ja, dass Du diese Kleider noch diese Woche wieder anziehen wirst. Bis dahin müffeln sie noch nicht. Die Schublade bietet Dir zudem eine klare Begrenzung, während Du die Kleider auf dem Wäscheständer bis zur Decke stapeln könntest ...

Wenn Du übrigens herausfinden willst, welche Kleider Du tatsächlich auch trägst, kannst Du am Anfang des Jahres alle Bügel umdrehen. Immer, wenn Du etwas getragen hast, drehst Du den Bügel wieder zurück. Willst Du dies auch mit den gefalteten Kleidern tun, kannst Du farbige Punkte auf alle Kleidungsstücke kleben und sie (bestenfalls ☺) vor dem Tragen entfernen. Das ist ein einmaliger Aufwand und Du weisst genau, welches Kleidungsstück Du ein ganzes Jahr lang nicht ein einziges Mal getragen hast – das kannst Du dann getrost weggeben.

Kinderzimmer

Im Prinzip gelten hier dieselben Regeln wie fürs Schlafzimmer. Nur, dass ein Kinderzimmer in den wenigsten Fällen nur zum Schlafen genutzt wird. In der Regel ist es gleichzeitig auch Spielzimmer und je nach Alter auch Büro und Wohnzimmer.

Wie kannst Du trotzdem für einen guten Schlaf Deines Kindes sorgen? Wichtig ist eine ganz klare Aufteilung des Zimmers:

- mit Raumtrennern (Regalen, Aufbewahrungsboxen, anderen Möbeln).

- mit Farben an den Wänden.
- mit Teppichen in einem Bereich (Ja, das sind auch Staubfänger, aber sofern Dein Kind keine Stauballergie hat, ist es vielleicht angenehmer, auf einem Teppich als auf hartem Boden zu spielen ... Es lohnt sich dann, einen Teppich zu besorgen, der ab und zu in die Waschmaschine darf ...).

Viele Kinder haben Mühe, ohne Licht einzuschlafen. Damit nicht immer das Deckenlicht oder das Leselicht brennt (was nicht förderlich ist für einen tiefen Schlaf), gibt es auch indirektes Licht (z.B. Lichterketten, die unters Bett geklebt werden und zeitlich programmiert werden können oder mit Bewegungsmelder funktionieren).

Ein wichtiges Thema sind Stofftiere. Egal ob Kissen, Decken oder Plüschtiere – alles, was nachts mit im Bett liegt, muss regelmässig gewaschen werden. Es macht deshalb Sinn, dass Dein Kind sich selbst limitiert (mit Deiner Hilfe natürlich): Sortiert alles aus, was nicht wirklich wichtig und geliebt ist. Das spart Zeit und Umwelt-Ressourcen!

Zurück zum guten Schlaf: Da das Zimmer Deines Kindes wohl nicht nur zum Schlafen benutzt wird, ist es umso wichtiger, dass die Abendroutine lautet, das Zimmer möglichst aufzuräumen. Natürlich darf eine Kugelbahn oder ein Puzzle auch mal mehrere Tage stehen bzw. liegen bleiben (im Idealfall dort, wo sie vom Bett aus nicht zu sehen sind). Und: Ist das Kinderzimmer erst einmal ausgemistet und richtig eingerichtet, sollte das Aufräumen auch kein Kampf mehr sein:

- Jedes Spielzeug hat seinen bestimmten Platz. (Bei kleinen Kindern: «Seinen Platz, an dem es sich am wohlsten fühlt. Zum Schlafen geht es wieder dahin zurück.»)
- Alles ist einfach zum Versorgen, sodass auch das dreijährige Kind dazu in der Lage ist. Es sind Boxen mit Bildern (bzw. je nach Alter des Kindes Beschriftung), die nur so voll sind, dass es immer noch genügend Platz hat. Sie sind auf der Höhe, die das Kind angenehm und gut erreichen kann.

Ganz wichtig: Das Kind schaut es von Dir ab. Wenn Du Deine Dinge nicht versorgst oder beim Aufräumen vor Dich hin jammerst, wird es diese Tätigkeit wohl eher auch nicht mögen ...

Ist auch nach dem Ausmisten einfach zu viel im Kinderzimmer, um es «einfach» zu versorgen, kannst Du die Spielsachen in einem von Dir bestimmten Rhythmus austauschen. Eine Kiste kommt auf den Dachboden und alle paar Wochen wird die Kiste ausgetauscht. Ein weiterer Vorteil: So bleiben die Spielsachen noch interessanter.

Trotzdem wäre es wichtig, dass Du dafür sorgst, dass Dein Kind nicht immer noch mehr neue Spielsachen geschenkt bekommt. Sprich mit der Familie darüber – vielleicht sind die Verwandten ja bereit, als Geschenk mit dem Kind irgendwohin zu fahren (Freizeitpark, Essen, Kino etc.) und nur ein kleines Geschenk verpackt zu überreichen (was sich das Kind schon lange wünscht, was ausgetauscht werden müsste o.ä.).

Büro

Hier kommt es natürlich extrem drauf an, ob Du dauerhaft im Homeoffice arbeitest, vielleicht sogar Kunden in deinem Büro empfängst oder ob Du nur selten mal am Computer bist, um ein paar Mails zu bearbeiten und Rechnungen zu bezahlen. Sei also ganz ehrlich zu Dir selbst und überlege Dir, welchen Stellenwert ein «Büro» in Deiner Wohnung haben soll.

Egal, wie es bei Dir ist – ist das Büro klar strukturiert und aufgeräumt, wirst Du effektiver arbeiten und in den Pausen auch besser entspannen können.

Eine wichtige Frage, die Du Dir stellen musst, ist die, ob Du nach «alter Schule» viele Ordner herumstehen haben willst, in die Du alle Dokumente fein säuberlich ablegst, oder ob Du Dich auf ein «papierloses Büro» einzulassen bereit bist. Die Vorteile eines papierlosen Büros liegen auf der Hand – es braucht definitiv weniger Platz, ist umweltfreundlicher und die Suchfunktion am Computer spart Dir viel Zeit. Als Nachteil wird oft genannt, dass es zu unsicher sei. Natürlich ist ein gutes Backup-System ein Muss – wenn das allerdings vorhanden ist, ist die Chance, dass alles verlorengeht, minimal (und geringer als dass die Papiere bei einem Haus- oder Wohnungsbrand vernichtet werden). Bist Du jemand, der nur ganz selten am Computer ist, ist der Nachteil sicher, dass Du für jedes Dokument, das Du einsehen willst, extra den Computer starten musst ... Wenn Du Dich gar nicht entscheiden kannst, kannst Du eine Zeit lang auch doppelgleisig fahren – die Ordner behalten und gleichzeitig alles einscannen. Du wirst mit der Zeit merken, was Dir eher zusagt.

Bevor Du nun hochmotiviert alle Deine Ordner abfotografierst und allzu grosse Dateien ablegst– es gibt viele (kostenlose) Apps, die gute pdf-Scans erstellen (auch solche mit automatischer Zeichenerkennung: OCR = *optical character recognition*. Das kann Dir bei einer Suche enorm helfen, weil der Computer nicht nur nach dem Dateinamen sucht, sondern auch nach dem Inhalt). Selbst wenn Du Dir eine solche App runtergeladen hast, würde es sehr viel Zeit brauchen, wirklich alle Ordner abzuscannen. Deshalb gilt vor dem Einscannen dasselbe, wie wenn Du Dich gegen ein papierloses Büro entschieden hast: Du mistest aus. Du sortierst dafür folgendermassen:

- Dokumente, für die Du keine Verwendung mehr hast (z.B. abgelaufene Gutscheine, Werbeprospekte, bezahlte Rechnungen, die über 10 Jahre alt sind). → Diese kommen sofort ins Altpapier (bzw. werden geschreddert).
- Dokumente, die zwar abgeschlossen sind, die aber aufgehoben werden müssen (z.B. bezahlte Rechnungen, die jünger als 10 Jahre sind; Verträge, die noch gültig sind; Urkunden). → Die können problemlos in den Keller verbannt werden (z.B. in einen Aktenschrank, in spezielle Archivboxen). **Selbst wenn Du Dich fürs Einscannen entschieden hast, könntest Du Dir die Arbeit sparen und erst ab jetzt damit beginnen …**
- Dokumente, die noch in Arbeit sind. Um die geht es jetzt.

Du sortierst diese übrigen Dokumente auf verschiedene Stapel:

- Aktuelle Steuererklärung und alles, was damit zu tun hat → alles kommt in einen Ordner (ja, auch im papierlosen Büro) oder in ein Fach.
- Spezielle Projekte, an denen Du arbeitest, wie auch Gutscheine (alles, was nicht eingescannt werden kann, z.B. Karten) → das kommt ebenfalls in einen Ordner oder in ein Fach.
- Bezahlte Rechnungen des laufenden Jahres → die kommen in einen Ordner, der im Büro bleibt, oder aber (papierlose Variante): Du scannst sie ein (zur Ablage kommen wir noch).
- Unbezahlte Rechnungen und ungeöffnete Post → Die lässt Du auf dem Schreibtisch liegen und wirst sie sofort nach der Aufräumsession öffnen und bearbeiten. Wenn Du dann keine Zeit hast, schreibst Du Dir einen festen Termin in die Agenda. Ziel ist es, diese Dinge jeweils sofort zu erledigen (dazu später mehr).

Fazit: Du brauchst gar keine grossen Bürotürme mit zig verschiedenen Fächern. Je mehr Fächer Du hast, desto eher geht etwas vergessen. Die Fächer, die Du hast, müssen natürlich klar beschriftet sein, damit Du weisst, was wo ist.

Damit Du all Deine Arbeiten auch effektiv und motiviert erledigen kannst, brauchst Du unbedingt einen leeren Schreibtisch (oder anderen Tisch). Steht Dir ein eigener Schreibtisch zur Verfügung, kann Computer/Laptop, Lampe, Drucker natürlich ständig dort stehen – wenn nicht, sollte der Tisch nach getaner Arbeit immer wieder leergeräumt werden. Ausser den genannten Dingen sollte aber auch ein expliziter Schreibtisch grundsätzlich leer sein. Dann lädt er zum Arbeiten ein und Du siehst auf einen Blick, was noch erledigt werden muss (z.b. die noch unbezahlte Rechnung, die Post, die auf dem Tisch liegt). Dann braucht es noch nicht einmal ein spezielles Fach «zu erledigen».

Ein wichtiges Thema, das leicht vergessen gehen kann beim Ausmisten, ist der Computer. Ob Du ein papierloses Büro hast oder nicht – sobald Du einen Computer besitzt, muss der auch aufgeräumt sein, um sinnvoll genutzt werden zu können. Wie schon erwähnt, ist das «A und O» ein gutes Backup-System. Am besten eines, das automatisch regelmässige Backups erstellt, dann geht es nie vergessen. Bevor Du nun den Computer einschaltest, solltest Du Dich wie bei jedem Zimmer fragen, was Du am Computer genau tust, wofür Du ihn nutzt. Welche Programme benutzt Du regelmässig? Das sind dann nämlich die Programme, die Du in der am unteren Bildschirmrand angezeigten Symbolleiste haben solltest. Die seltener genutzten Programme findest Du jederzeit unter «Programme» – die nie genutzten können getrost gelöscht werden (Du findest sie notfalls im Internet wieder). Der Schreibtisch des Computers («Desktop») sollte wie Dein realer Schreibtisch leer sein (ausser, Du arbeitest gerade an einem Dokument, das darf auf dem Desktop abgelegt sein). Auf dem Desktop ist nur ein Ordner mit Deinem Namen. In diesem sind alle – und ich meine wirklich alle – Deine Dokumente abgelegt.[12] Deinen eigenen Ordner öffnest Du und erstellst weitere Unterordner. Dies sind z.b. Familie, Hobby, Beruf, Haushalt, Gesundheit, Finanzen, Versicherungen … Es sollten nicht mehr als sieben Ordner sein, da sonst das Auge nicht mehr auf einen Blick erfassen kann, was da ist. Jeden dieser Ordner kannst Du öffnen und weitere 1-7 Ordner erstellen … Bei einer guten Unterteilung findest Du jedes gesuchte Dokument wieder.

Nun hast Du wahrscheinlich schon sehr viele Dokumente auf Deinem Computer und nicht die Zeit, alle zu sortieren. Ich empfehle Dir folgendes Vorgehen: Als Erstes suchst Du wirklich alle Dokumente zusammen (in jedem Ordner Deines Computers) und legst sie in einen einzigen Ordner namens «ARCHIV» auf dem Desktop ab. Nun gibt es drei Möglichkeiten:

1. Du nimmst Dir die Zeit und gehst wirklich jedes Dokument durch, löscht es oder legst es in Dein neues Ordnersystem ab. Dies kannst Du im Rahmen des Projekts «Maximal minimal» tun.
2. Du setzt Dir fixe Zeiten, in denen Du jeweils 30min. Deine Dokumente durchgehst. Es dauert dann eben, solange es dauert.
3. Du lässt alles im Ordner «ARCHIV» und nimmst nur die Dokumente raus, die Du grad brauchst. Die legst Du dann in Deinem neuen Ordnungssystem ab. Nach

---

[12] Es gibt auch noch vorgefertigte «Ordner» namens «Dokumente», «Bilder», die dazu einladen, etwas abzuspeichern – Du kannst auch diese benutzen **statt** dem Ordner auf dem Desktop. Sobald Du an mehreren Orten Sachen hast, wird es kompliziert.

einem Jahr (oder nach einer von Dir festgesetzten Zeit) kannst Du alle übrigen Dokumente löschen (oder wenn Du Dir unsicher bist, in ein externes Archiv/Backup verlagern).

Nicht wegzudenken am Computer ist das Mailprogramm – egal, welches Du benutzt, Du wirst sehr wahrscheinlich eines haben. Da gibt es einen schönen Ordner, der «Posteingang» o.ä. heisst. Das ist im Prinzip nichts anderes als ein virtueller Briefkasten. Dieses Bild darf Dich daran erinnern: So wie Dein realer Briefkasten am Abend im besten Fall leer sein sollte, so sollten abends auch keine Mails mehr im virtuellen Posteingang sein. Ja, Du hast richtig gelesen! Denn der Posteingang ist kein Aufbewahrungsort für alte Mails, die Du vielleicht evtl. noch brauchst oder noch gar nicht bearbeitet hast. Wie leicht geht doch eine Mail unter, die Du irgendwann zwischen zwei Tätigkeiten gelesen und dann im Posteingang belassen hast!

Wenn Du mit Stolz sagen kannst, dass Du nur einige wenige Mails dort gelagert hast, dann kannst Du diese sofort jetzt lesen und bearbeiten (Wie? Darauf kommen wir gleich!). Sind es aber viel zu viele, um die schnell durchzugehen, dann nimm sie alle und lege sie in einen «ARCHIV»-Ordner (einfach einen neuen Ordner im Mailprogramm erstellen, alle markieren und in den Ordner ziehen). Es gibt zum Umgang mit diesen Mails wieder die oben genannten drei Varianten. Suche Dir eine aus, die zu Dir passt.

Mache es Dir zur Routine, täglich Deine Mails zu lesen, sofern Du es nicht schon tust. Anfangs braucht es vielleicht eine Erinnerung im Kalender, bis es zur Routine geworden ist.

Wie bearbeitest Du Deine Mails? Natürlich liest Du sie. Aber nicht zwischen zwei anderen Tätigkeiten schnell schnell, sondern dann, wenn Du Dir extra dafür Zeit genommen hast (sonst wirst Du sie später noch einmal lesen müssen, um sie zu bearbeiten).

- Ist es Werbung, löschst Du sie nicht einfach, sondern gehst ganz unten in der Mail auf den Link zum «Newsletter abmelden»/»Unsubscribe» o.ä. Denn sonst erhältst Du solche Mails auch weiterhin! Nach einer gewissen Zeit wirst Du bemerken, wie stark sich solche Mails reduziert haben.
- Ist es eine unwichtige Mail (z.B. bedankt sich jemand für eine Antwort o.ä.), löschst Du sie.
- Braucht es eine Antwort Deinerseits, schreibst Du sie gleich. Wenn es Dich mehr Zeit kosten würde als Du jetzt erübrigen kannst, kannst Du die Mail auch zu einem fixen Zeitpunkt beantworten, in dem Du solche «To-Do's» erledigen willst (z.B. 1-2x wöchentlich – wie es in der Agenda steht!). Im Idealfall speicherst Du die Mail in der digitalen Agenda gleich beim Termin ab, dann ist der Posteingang wieder leer. Wenn Du keine digitale Agenda benutzt, dann drucke die Mail nicht aus, nur um einen leeren Posteingang zu haben! Dann steht die Mail eben noch für kurze Zeit da – wenn sie Dich so sehr stört, wirst Du plötzlich viel früher Zeit für die Bearbeitung finden, da bin ich sicher!
- Und dann gibt es noch Mails, die Informationen, Bestellungen oder Verträge enthalten, die längerfristig gespeichert werden müssen. Da gibt es zwei

Varianten. Entweder Du legst die Mails in die jeweiligen Ordner auf dem Computer ab (in Deinem neuen Ordnersystem) oder Du erstellst Dir 3-4 Ordner im Mailprogramm (z.B. Bestellungen, Ferien, Job, Sonstiges). Die Mails ziehst Du in diese Ordner. Es macht Sinn, Mails, die nur für kürzere Zeit wichtig sind (z.B. eben Bestellungen), im Mailprogramm abzulegen, das Du regelmässig ausmistest. Dinge wie Verträge kannst Du problemlos in Deiner Ordnerstruktur ablegen.

Du wirst sehen, es wird Dich befreien, keine lange Liste an unbearbeiteten Mails zu sehen, wenn Du das Mailprogramm startest. Jede neue Mail wirst Du sofort sehen und weghaben wollen ...

Besitzt Du mehrere E-Mail-Adressen, wird natürlich alles etwas komplizierter. Es macht Sinn, wenn Deine Accounts alle in einem Programm gespeichert sind, damit Du nicht verschiedene Programme dafür öffnen musst. Grundsätzlich gilt: Je weniger Mail-Adressen desto besser. Oder eben: Nur die, die Du wirklich brauchst.

Einmal in der Woche solltest Du Dir einen Termin in der Agenda setzen, dass Du die gesendeten Mails und den Papierkorb löschst (Du kannst das auch automatisch einstellen, wenn Du magst).

Genauso auch den Download-Ordner, in dem meistens sehr viele Dateien sind – schau mal rein! Dieser Ordner sollte im Prinzip auch immer leer sein, denn Du lädst etwas ja eigentlich runter, um etwas damit zu machen (abspeichern oder ausdrucken). Dann mach das auch! Manchmal geht das tatsächlich vergessen – auch bei mir. Deshalb ist dieser Termin einmal die Woche so wichtig.

Um das Thema Technik abzuhaken, gehen wir zum Handy weiter.[13] Auch hier gilt, dass Du Dir überlegst, welche Apps Du wirklich benutzt. Alles andere kannst Du löschen. Gleich viel aufgeräumter sieht der Desktop übrigens aus, wenn Du alle Spiele-Apps, alle Reise-Apps, alle Gesundheits-Apps etc. je in einem Ordner hast (dazu einfach eine App in eine andere App verschieben, dann bildet sich ein Ordner).

Beim Thema Handy habe ich zwei Problembereiche festgestellt:

1. Man verbringt zu viel Zeit am Handy.

2. Man hat so viele Fotos und Videos auf dem Handy, dass Speicherplatz dazugekauft werden muss.

Um das erste Problem zu lösen, kann man sich selbst beschränken. Entweder einzelne Apps zeitlich limitieren (unter Einstellungen) oder sich generell handyfreie Zeiten verordnen. Ob das täglich 1h ist, oder grundsätzlich während des Essens, einen Tag pro Woche oder eine ganze Woche im Jahr – das entscheidest Du. Das Handy oder generell die Medien sollen Dir dienen – nicht umgekehrt.

Die Fotos kannst Du natürlich ausmisten wie alles andere auch – Du gehst durch und behältst nur Deine Lieblinge. Das Problem behebst Du aber nur, wenn Du Dein Verhalten

---

[13] Falls Du noch andere Geräte wie Tablet o.ä. hast, gilt natürlich dasselbe wie beim Computer. Ausserdem solltest Du ganz bewusst wählen, welche Programme und Dateien Du wo haben willst, denn sonst verschwendest Du sehr viel Zeit beim Suchen.

änderst. Geniesse den Sonnenuntergang ohne ein Foto davon zu machen. Mache im Urlaub zwar Fotos, aber behalte am Ende nur die besten zehn.

Zurück zu Deinem realen Büro: Wenn Du viel Zeit darin verbringst, solltest Du Dich natürlich darin wohlfühlen. Und doch willst Du darin wahrscheinlich arbeiten – ein wunderschöner Blick vom Schreibtisch nach Draussen oder grosse Fotogalerien sind vielleicht nicht sehr produktiv?

Übrigens: Wenn Du einen Abfalleimer und einen Papierkorb in der Nähe Deines Tisches hast, ist die Chance grösser, dass Du das Altpapier auch fachgerecht entsorgst.

Dachboden / Keller / Garage

Wenn Du Dich mit dem Thema Ausmisten auseinandersetzt, sind diese Räume wahrscheinlich der pure Graus, oder? Nirgendwo passt das Sprichwort «aus den Augen, aus dem Sinn» besser. Leider ist das ein Trugschluss. Du weisst vielleicht nicht mehr genau, was in Deinem Keller herumliegt – aber es ist keineswegs «aus dem Sinn». Es bedrückt Dich, und wenn es nur unbewusst ist. Beim Dachboden ist das Bild noch deutlicher: Es ist eine Last, die Dich niederdrückt. Auch hier gilt, dass kein Keller, kein Dachboden so gross sein kann, dass er nicht gefüllt wäre. Der Platz wird in der Regel ausgenutzt.

Wofür sind Dachboden, Keller und Garage da? Der Dachboden eignet sich eher für Textilien, der Keller eher für Lebensmittel, die Garage natürlich für das Auto und dergleichen. Neben ihren speziellen Aufgaben dienen sie alle dem einen Zweck: Dingen, die Du brauchst, aber nicht in Deinem Wohnraum haben willst, Raum zu bieten. Ich wiederhole: Dinge, Die Du brauchst – darauf liegt der Schwerpunkt. Es ist nicht die Aufgabe dieser Räume, alte, kaputte und nicht mehr benutzte Dinge aufzubewahren. Auch nicht Dinge, die Du vielleicht irgendwann in zwanzig Jahren wieder brauchen *könntest* (die Kleider für die Enkel sind dann altmodisch und der Autositz entspricht nicht mehr dem Sicherheitsstandard). Mistest Du all diese Dinge aus, wirst Du Platz haben für das, was Dir jetzt im Moment etwas bringt. Ob das ein Bastelkeller ist oder eine Abfallstation (Glas, Karton, Altpapier, Aluminium, PET, Kehricht, bis er rausgestellt werden darf) – es bringt Dir sehr viel mehr als das, was vorher da war.

In diesen Räumen ist es noch wichtiger als im Wohnraum, die Dinge in Kisten zu verstauen und diese zu beschriften (Staub, Nässe, Tiere – und ich meine nicht unbedingt Mäuse und Ratten; Spinnen und Wespen reichen auch schon). Sind alle Kisten gut erreichbar, geordnet und einigermassen sauber, gehst Du viel lieber dahin, um etwas zu holen oder zu verstauen. Diese Räume sind dann kein Graus mehr, sondern eine Erweiterung Deines Zuhauses.

Checkliste:

- o Ich weiss von jedem Raum meines Zuhauses, was ich dort tun möchte. Ich habe mein Traum-Zuhause vor Augen.
- o Ich kenne meine Werte, die mir für jeden Raum wichtig sind, und habe sie mehr oder weniger erreicht.
- o Ich bin umgeben von Dingen, die ich liebe und/oder brauche.
- o Ich weiss genau, was ich wo habe.
- o Ich habe die aussortierten Dinge verkauft, verschenkt oder entsorgt.

Die neue Ordnung aufrechterhalten

Wow, Du hast es geschafft! Vielleicht brauchst Du noch zwei oder drei Wochen, um Dich an die neue Ordnung zu gewöhnen, vielleicht gibst Du der Salatschüssel doch noch einen neuen Platz und räumst noch einmal um – das ist ganz normal! Schliesslich gibt es kein «richtig» oder «falsch». Sobald Du Dir sicher bist, dass es so für Dich passt, kannst Du die Beschriftung mit einem Ettiketiergerät o.ä. vornehmen. Jetzt darfst Du auch die Kartonschachteln durch schönere Boxen ersetzen, wenn Du magst.

Wie fühlst Du Dich? Freier, ohne den ganzen Ballast? Entspannter, ohne all die Sachen, die Du «auch wieder mal machen solltest»? Glücklicher, umgeben von allem, was Du liebst? Geniess dieses Gefühl und präge es Dir tief ein – denn das ist Deine Motivation, damit die Ordnung auch so bleibt! Das wird leider nicht automatisch so sein, auch dafür musst Du etwas tun. Allerdings braucht es dafür weniger Aufwand als Du vielleicht denkst. Das Projekt heisst ja «Maximal minimal» und meint nichts anderes als «Maximale Ordnung bei minimalem Aufwand».

Gesetze des Minimalismus

Du hast im Kapitel «Regeln fürs Einrichten» einige «Gesetze» des Minimalismus bereits kennengelernt. Selim Tolga nennt fünf Gesetze oder Prinzipien, die Dir helfen, dass der jetzige Zustand auch dauerhaft so bleibt. Diese Gesetze waren so inspirierend für mich, dass ich sie dir nicht vorenthalten möchte:

Die Leere lieben

Anfangs mag es für Dich seltsam sein, dass eine Wand oder eine Schublade nicht voller Dinge ist – oder vielleicht sogar komplett ohne Bild bzw. Inhalt. Lass das mal zwei Wochen auf Dich wirken, bevor Du die Situation änderst. Vielleicht erkennst Du, dass es Dich beruhigt und Du besser entspannen kannst, wenn Dich nicht so viele Farben und Formen an den Wänden beeinflussen?! Vielleicht freust Du Dich auch jedes Mal, wenn Du die Schublade aufmachst und den gesuchten Gegenstand herausnimmst, dass das so einfach geht und die Schublade nicht verkantet?! Wenn nicht, kannst Du den Zustand immer noch ändern. Wenn Du nicht mehr so viele Dinge hast, aber Deine alten Möbel behältst, dann kann es auch sein, dass eine Schublade komplett leer bleibt! Finde Freude an der Leere, anstatt alles sofort wieder zu füllen. Dies ist wichtig, damit Du Deine jetzige Ordnung beibehalten kannst.

Das gilt übrigens auch für Deine Agenda: Lass Leere zu. Wenn Dein Tag mal etwas weniger verplant ist, dann fülle ihn nicht gleich mit dem, was Du schon lange tun solltest. Lass Pausen zu bzw. plane sie aktiv ein. Du bist nicht geschaffen, um ununterbrochen zu leisten! Irgendwann zahlst Du sonst den Preis … (s. auch Kapitel «Ausmisten – 2. Teil»)

Sich selbst und die Dinge begrenzen

Es gibt in der Verwaltungs- und Wirtschaftslehre das Parkinsonsche Gesetz, das besagt, dass sich «Arbeit in genau dem Mass ausdehnt, wie Zeit für ihre Erledigung zur Verfügung steht».[14] Dies gilt jedoch nicht nur für die Arbeit, sondern auch für Dinge. Hättest Du ein Zimmer mehr zur Verfügung, wäre dieses garantiert nicht leer, oder? Hättest Du einen grösseren Kleiderschrank, würdest Du sehr wahrscheinlich auch mehr Kleider besitzen. Genau das ist der Grund, weshalb Dir eine leere Schublade bisher auch so selten begegnet ist. Sie würde für gewöhnlich ziemlich schnell gefüllt werden. Nun willst Du jedoch nicht, dass genau das passiert und sich Deine schöne Ordnung wieder verflüchtigt. Deshalb ist es unglaublich wichtig, dass Du den Platz für Deine Dinge aktiv auf ein bestimmtes Regal, eine bestimmte Box oder Schublade begrenzt. Wieviel Du Deinen Sachen Platz geben willst, entscheidest Du bzw. hast Du beim Einsortieren bereits getan. Durch die Beschriftung besteht viel eher die Chance, dass die Dinge auch wirklich da bleiben, wo sie hingehören! Gewöhne Dir also an, nur etwas Neues zu kaufen, wenn Du etwas ersetzen oder austauschen willst. Auch wenn Du weisst, dass das nicht immer gelingen wird – ist bei mir auch nicht anders! Darauf werden wir später noch kommen.

Das Beschränken geht noch weiter. Wenn Du gerne Vieles ausprobieren und erleben möchtest, dann gilt das für Dich besonders! Du darfst verstehen, dass es niemals möglich sein wird, *alle* Bücher zu lesen, *alle* Filme zu sehen, *alle* Länder zu bereisen, *alle* Sprachen zu lernen … Das Leben wird Dich automatisch beschränken (bzw. der Tod). Das klingt vielleicht makaber – ja, Du wirst irgendwann sterben

---

[14] The Economist. Band 177, Nr. 5856, 19. November 1955.

und nicht alles gemacht und gesehen haben. Und das ist nicht ausschliesslich eine schlechte Nachricht: Du hast nun die Chance, Dich selbst aktiv zu beschränken. Und ja, das tut auch manchmal weh. Es ist ein Aufgeben. Wenn Du zu dem einem Schriftsteller «ja» sagst, sagst Du gleichzeitig zu vielen anderen «nein».

Dennoch, es ist konsequent! Überlege Dir, was Du für Ziele hast im Leben und schreibe sie auf – alles, was nicht auf dieser Liste steht, gibst Du (zumindest jetzt) auf. Du kannst auch umgekehrt eine Liste schreiben, was Du auf keinen Fall irgendwann tun willst (eine sogenannte «Not-to-do-Liste»). Tue, was Dir leichter fällt!

Schätze sammeln

Das sogenannte Pareto-Prinzip besagt, dass 80% der Ergebnisse auch mit 20% des Gesamtaufwandes erreicht werden können. Die verbleibenden 20% der Ergebnisse erfordern mit 80% des Gesamtaufwandes die meiste Arbeit. [15] Darauf werden wir beim Putzen noch einmal zurückkommen. Wir können dieses Prinzip jedoch auch auf unseren ganzen Besitz anwenden. Wir benutzen nur 20% unserer Dinge zu 80% der Zeit. Die restlichen 80% benutzen wir nur zu 20% unserer Zeit. Hätten wir nur noch unsere «Schätze», unsere geliebten Dinge, die wir fast immer benutzen, dann würden wir gut leben können und wären sicherlich Minimalisten. Das muss nicht Dein Ziel sein. Auch die anderen Sachen können Dir ja gute Dienste leisten –

---

[15] s. «Paretoprinzip» bei Wikipedia, 2025.

einfach viel seltener. Sei Dir bewusst, welches Deine «Schätze» sind! Je mehr Du drumherum hast, desto weniger gut kommst Du an sie ran, desto weniger kommen sie zur Geltung. Wenn Du Neues kaufen willst, überlege Dir, ob dieses Teil zu Deinen «Schätzen» gehören wird – oder ob Du die spezielle Gugelhopf-Form nur einmal benutzen wirst ... Was auch helfen kann, um Fehlkäufe zu vermeiden, ist der wahre Preis, den jeder Gegenstand kostet. Das ist nämlich nicht nur der Ladenpreis – er kostet Platz, Deine Energie für die Wartung, vielleicht noch Batterien oder Strom, Putzmittel, Zubehör, Reparaturkosten ... Selim Tolga geht von einem zehnmal höheren Preis aus als auf dem Schild steht. Wärst Du auch bereit, diesen Preis zu zahlen?

Einfach halten

Der einfachste Weg muss nicht unbedingt der richtige sein, das ist keine neue Erkenntnis. Aber gerade, weil es Themen gibt, die komplizierter sind und Deine ganze Aufmerksamkeit erfordern, ist es wichtig, dass Du Dir wenigstens den Alltag so einfach wie möglich machst. Es gibt geniale Küchen- und Haushaltsgeräte, die hundert Dinge können – aber Du kennst nur zwei, weil Du die andere nie benutzt. Und Du benutzt nur die zwei, weil die anderen einen grossen Aufwand bei der Reinigung oder Vorbereitung bedeuten würden. Da gäbe es einfachere Geräte, die nur diese zwei Dinge können, dafür sehr viel einfacher in der Bedienung sind.

Genauso Dein Ordnungssystem, Deine Menüplanung, Deine Agenda. Die können noch so genial sein – wenn Du im Alltag nicht hinterherkommst und es vernachlässigst, bringt es herzlich wenig. Nimm Dir einen Moment Zeit und überlege Dir, welche Systeme oder Abläufe in Deinem Alltag sehr kompliziert sind, Dich viel Zeit kosten oder Dich schlicht und einfach nerven. Schreibe sie auf und gehe eines nach dem anderen an: Kannst Du es vereinfachen? Gänzlich aus Deinem Alltag streichen? Delegieren? Bist Du zufrieden damit, wie es jetzt ist, dann lass es so! Es gibt auch hier kein «richtig» oder «falsch»: Die einen lieben ihr elektrisches Fensterputzgerät, den anderen wäre das zu kompliziert. Dafür haben andere einen kabellosen Staubsauger, der gleichzeitig feucht aufnimmt … Hauptsache, es erleichtert Dir Deinen Alltag!

Sofort erledigen

Da liegt bei den meisten Menschen das Problem – sie schieben die Arbeit vor sich her, anstatt sie sofort zu erledigen. Du holst die Post und legst sie irgendwo ab – anstatt sie sofort zu öffnen und zu bearbeiten. Du ziehst die Jacke aus und wirfst sie auf einen Stuhl – anstatt sie an die Garderobe zu hängen (sehr beliebt bei Kindern). Du hast Wäsche gewaschen und getrocknet und nun wartet sie seit zwei Tagen im Wäschekorb – anstatt sie sofort zu falten und zu versorgen. Das Geschirr von gestern Abend steht im Spülbecken und muss nun am Morgen gespült werden (oder vielleicht reicht es ja noch fürs Mittagessen?). Vielleicht erkennst Du Dich irgendwo wieder … Das letzte Prinzip heisst «OHIO» und steht für «Only handle it once», was so viel bedeutet wie «nimm es nur einmal in die Hand».

Hast Du die Post geholt und bereits in der Hand, dann lege sie nirgendwo ab, sondern bearbeite sie gleich. Bringst Du das Geschirr in die Küche, stell es gleich in die Geschirrspülmaschine oder spüle es direkt ab. Hast Du irgendwas aus einer Schublade geholt, dann leg es sofort nach Benutzung wieder zurück.

Natürlich gibt es Dinge, die viel Zeit benötigen (Steuererklärung machen, eine komplizierte Mail schreiben ...) – das erledigst Du natürlich nicht sofort mitten im Alltagstrubel. Aber: Kommt eine solche Aufgabe an, schreibst Du in die Agenda einen Termin, wann Du dafür Zeit hast – dann ist dieses Aufschreiben «das sofortige Erledigen». Ich verspreche Dir: Wenn Du nur dieses *eine* Prinzip übernehmen kannst, wirst Du viel verändern. Das Ohio-Prinzip entspricht also sozusagen den 20% Deiner Verhaltensänderungen, die 80% Wirkung zeigen ...

Checkliste:

o Ich habe mich mit der Leere angefreundet und kenne die Vorteile.

o Alle meine Sachen haben ihren bestimmten Platz (ich kenne ihn bzw. habe ihn gut beschriftet).

o Ich kenne meine «Schätze».

o Ich habe meine Ziele für die nächste Zeit formuliert.

o Ich habe zu komplizierte oder nervige Haushalts-utensilien entfernt und ebensolche Abläufe eliminiert.

o Ich habe mindestens einen ganzen Tag lang geschafft, das Ohio-Gesetz durchzuziehen.

Putzutensilien

Neben der Verhaltensänderung ist ein grosses und oft leidiges Thema das Putzen. Deine Räume können noch so aufgeräumt und vielleicht minimalistisch sein – wenn es nicht einigermassen sauber ist, wirst Du kaum glücklich damit sein. Natürlich hast Du eine andere Vorstellung von «sauber» als ich – vielleicht reicht Dir viel weniger Sauberkeit, vielleicht wäre es Dir bei mir noch immer zu wenig. Du entscheidest, was und wieviel Du brauchst. Klar ist, dass Du Putzutensilien brauchst. Vielleicht hast Du schon einiges davon ausgemistet, weil Du den Spezial-Backofenreiniger sowieso nie benutzt hast oder Dir der geniale Staubsauger mit Wassertank zu umständlich zum Benutzen war (s. Abschnitt «Einfach halten»).

Es soll hier keine Werbung für bestimmte Marken von Putzmitteln gemacht werden. Beantworte Dir nur die Frage, welche Mittel Du unbedingt brauchst, ohne was Du nicht putzen kannst! Und dann kommt es extrem auf Deine Werte an: Geht es Dir um Leichtigkeit, kommen alle mühsam zu reinigenden Geräte weg; auch eine riesige Auswahl an Mitteln steht der Leichtigkeit entgegen. Geht es Dir um Ästhetik, füllst Du alles in schöne Glasflaschen ab und hast gleichfarbige Putzlappen. Geht es Dir um die Umwelt oder die Gesundheit, achtest Du bei den Putzmitteln darauf, ökologische und hautschonende zu verwenden.

Das Motto ist hier eindeutig «weniger ist mehr». Im Prinzip brauchst Du zum Putzen nur die folgenden Dinge:

- einen guten Allzweckreiniger
- einen Badreiniger (gegen Kalk)

- einen Küchenreiniger (gegen Fett)
- einen Glasreiniger
- Essigessenz (zum Entkalken der Küchengeräte)
- Alkohol (zum Entfernen von Klebresten u.a.)
- einen WC-Reiniger (gegen Urinstein)
- Mikrofasertücher
- einen guten Staubsauger
- etwas zum feuchten Aufnehmen.

Wenn Du ein günstiges, gesundes und umweltfreundliches Putzmittel benutzen möchtest, lohnt es sich, dieses selbst herzustellen. Dazu besorgst Du Dir einmalig drei schöne Glasflaschen zum Sprühen und wenige Zutaten. Rezepte findest Du ganz unterschiedliche im Internet. Im folgenden Abschnitt findest Du meine Favoriten (zusammengesetzt aus diversen Rezepten, die ich im Netz gefunden und ausprobiert habe).

Allzweckreiniger

500ml destilliertes (oder abgekochtes) [16] Wasser mit 2 Esslöffeln Spülmittel und 20g Essig mischen. Es riecht stark nach Essig. Der Duft verflüchtigt sich zwar nach dem Putzen recht schnell, aber wenn Du magst, kannst Du etwas Zitronenöl oder Teebaumöl dazugeben, um den Duft zu mildern.

---

[16] Es geht darum, dass der Kalk im Wasser beim Putzen Streifen hinterlässt. Deshalb lohnt es sich, destilliertes Wasser zu besorgen, vor allem, wenn Du ziemlich hartes Wasser hast.

Glasreiniger

500ml destilliertes (oder abgekochtes) Wasser mit 2 Esslöffeln Essigessenz (oder 4 Esslöffeln normalem Essig) und einem halben Teelöffel Spülmittel mischen. Auch da könntest Du noch 10 Tropfen ätherisches Öl beigeben, ist aber nicht mehr so nötig wie beim Allzweckreiniger.

Badreiniger

500ml destilliertes (oder abgekochtes) Wasser mit einem Esslöffel Zitronensäure, 2 Esslöffeln Essig und einem Esslöffel Spülmittel mischen. Auch da darfst Du noch 10 Tropfen ätherisches Öl beigeben, wenn Du magst.

Natürlich gibt es auch fixfertige, umweltfreundliche Mittel zu kaufen. Die riechen besser (sind teilweise noch etwas effektiver), kosten allerdings ein Vielfaches.

Checkliste:

o   Ich habe mich für einige wenige Putzmittel entschieden und diese besorgt bzw. selbst hergestellt.

Putzplan

Nun bist Du bereit zu putzen – aber wann, was und wieviel denn nur? Vielleicht bist Du ein Putzmuffel, aber hättest es eigentlich gerne etwas hygienischer. Vielleicht bist Du auch ein Putzfreak, aber wünschst Dir etwas mehr Entspannung bei diesem Thema. Vielleicht hast Du auch keinerlei Thema in diesem Bereich – gratuliere! Lies dieses Kapitel trotzdem durch, denn es geht nicht ausschliesslich ums Putzen!

Fakt ist, Du hast einen ganz eigenen Haushalt, mit ganz anderen Herausforderungen und Arbeiten als andere. Fakt ist auch, dass Du diese kennen und strukturieren musst, wenn Du nicht an allen Ecken und Enden spontan putzen willst. Wenn das für Dich passt und Du flexibel genug bist, Dich davon auch nicht stressen zu lassen – dann ist das natürlich auch eine Variante. Magst Du mehr Ordnung und Struktur in Deinen Haushalt bringen, geht es nicht anders, als Dir am Anfang Zeit zu nehmen, um Deinen Haushalt richtig kennenzulernen. Bereit?

Nimm Dir eine Stunde Zeit, setze Dich mit einem Blatt Papier und einem Stift hin und schreibe wirklich alle(!) Arbeiten auf, die Du tust (oder delegiert hast). Wäsche waschen, trocknen, falten, versorgen; einkaufen; kochen; Fenster putzen; Staub saugen; Auto waschen; Haustier versorgen; Eingang wischen; Rasen mähen … Anschliessend schneidest Du die einzelnen Aufgaben aus.[17]

Auf Papierstreifen o.ä. schreibst Du «täglich», «wöchentlich», «monatlich» und «seltener» auf. Diese verteilst Du auf der Fläche vor Dir. Nun wird es spannend: Du gehst jedes einzelne Kärtchen mit einer Aufgabe durch und überlegst Dir, wie oft Du diese Aufgabe gerne machen würdest bzw. was Du für angemessen und stimmig hältst. Nicht, wie oft Du es bis jetzt getan hast und auch nicht, was Deine Freundin für richtig hält! Es ist *Dein* Haushalt. Die Kärtchen verteilst Du

---

[17] Wenn Du mich als Coach buchst, bringe ich Dir vorgefertigte Kärtchen mit, aus denen Du wählen kannst.

auf die entsprechende Kategorie (Du willst z.B. täglich das WC putzen, also legst Du die Aufgabe «WC putzen» zum Papierstreifen «täglich»). Aufgaben, die Du mehrmals wöchentlich machen willst, jedoch nicht täglich, legst Du zu «wöchentlich». Genauso auch Aufgaben, die Du nur jede zweite Woche erledigen möchtest.

Tägliche Routinen

Richte Deine Aufmerksamkeit nun auf die Kategorie «täglich». Diese Aufgaben sehen vielleicht nach viel aus. Nun ist es wichtig, dass Du daraus Routinen etablierst – sonst nimmt Dir das viel zu viel Energie (s. Kapitel «Routinen»). Du überlegst Dir, welche Aufgabe zu welcher Routine passt (Morgenroutine, Mittagroutine oder Abendroutine). Wenn es sehr viel ist, macht es Sinn, sich langsam zu steigern (welche Aufgaben sind Dir wirklich wichtig, welche nur «nice to have»?). Anfangs schreibst Du Dir die Aufgaben am besten in die Agenda – sobald es Routinen sind, kannst Du das weglassen. Du weisst ja bereits, wie das geht und Du hast sicher auch schon einiges davon als Routine etabliert ...

Ganz wichtig: Diese Routinen sollen Dir helfen, mehr Zeit und Energie für anderes zu haben, weil Du Dich nicht mehr um diese Dinge bewusst kümmern musst. Wenn Du das Gefühl hast, es schränkt Dich ein und es ist Dir zu viel, dann liegt es häufig daran, dass Dir gar nicht alle diese Aufgaben so wichtig sind. Würde es evtl. auch reichen, das WC nur alle zwei Tage zu putzen? Kannst Du es z.B. ein paar Mal wöchentlich auch an Deine Kinder oder Deinen Mann delegieren? Oder sogar an eine Putzfrau? Es wird sicher einige Monate dauern, bis Du Deine ganz eigenen Routinen gefunden und sie etabliert hast. Und auch dann: Hast Du mal an einem Tag einfach «keinen Bock», die Post zu holen, bist Du zu krank, um zu kochen, dann lass es einfach! Es ist ja eine Routine, das heisst, es kommt morgen wieder. Und Deine Familie ist auch nicht unterernährt, wenn es einmal nur eine Tiefkühlpizza gegeben hat.

Wochenroutinen

Es gibt immer wiederkehrende Haushaltsarbeiten, die einen festen Platz im Haushalt haben müssen, aber nicht täglich stattfinden. Z.B. Bügeln oder den Abfall zusammennehmen. Es hilft enorm, wenn Du Dir für diese Aufgaben (Kategorie «wöchentlich») bestimmte, immer gleiche Wochentage aussuchst. Montag ist Dein Waschtag (bei grösseren Familien vielleicht Montag und Donnerstag, bei Grossfamilien ist es eine tägliche Routine), am Dienstag erledigst Du immer Deine «To Do's» (Mails abarbeiten, die etwas Zeit brauchen, Rechnungen zahlen etc.), mittwochs saugst Du Staub, donnerstags kaufst Du ein ... Wähle die Tage so, wie es für Dich stimmt. Diese Routinen schreibst Du am Anfang auch in die Agenda – und vielleicht wirst Du es drin lassen, da Du Einiges wahrscheinlich auch nur zweiwöchentlich machen willst. Das gibt Dir die Übersicht, wann Du es erledigt hast.

Mit den täglichen und wöchentlichen Routinen läuft Dein Alltag bereits ziemlich gut und ganz easy nebenher. Ja klar, es braucht etwas Zeit, aber es geht nichts vergessen, es bleibt nichts liegen.

Monatsroutinen

Während die ersten beiden Routinen wahrscheinlich sehr viele Menschen umsetzen, ist die Monatsroutine meistens so, dass man ein- oder zweimal jährlich einen

«Frühlingsputz» veranstaltet oder einfach immer wieder mal einen Samstag investiert und durchputzt. Macht man das nicht, nimmt der Dreck zu, die Arbeit würde immer mehr. Wenn man nicht häufiger umzieht, wirkt die Wohnung bzw. das Haus mit der Zeit etwas schmuddelig (oder man holt sich dann doch irgendwann eine Reinigungskraft). Marla Cilley ist mittlerweile vielen ein Begriff – man kennt sie auch unter dem Namen «Flylady». Sie hat die sogenannte «Zonenreinigung» erfunden. Ich habe Vieles davon übernommen und für mich etwas angepasst.

Mein Vorschlag für Dich: Bevor Du die Kategorie «monatlich» bearbeitest, nimmst Du noch einmal Papier und Stift und schreibst alle Räume Deines Zuhauses auf (inkl. Garage, Keller, Dachboden, Balkon, Garten ...). Als zweiten Schritt teilst Du diese Räume in fünf Zonen auf. Hier einige Tipps dazu:

- Nimm in Zone 1 und 5 Räume, die Du nicht so häufig putzen willst (z.B. Keller).
- Nimm die Räume zusammen, die zusammengehören (z.B. Schlafzimmer der Eltern und der Kinder oder Schlafzimmer mit angrenzendem Bad).
- Nimm die Küche nicht mit vielen anderen Räumen zusammen.

Hier ein Beispiel:

- 1. Zone: Flur, Eingangsbereich, vor und hinter dem Haus, Keller, Garage, Dachboden
- 2. Zone: Schlafzimmer und Badezimmer
- 3. Zone: 2 Kinderzimmer, Büro
- 4. Zone: Küche, WC

- 5. Zone: Wohn-/Esszimmer, Balkon

Nun erstellst Du für jede Zone einen eigenen «Putzplan» anhand Deiner Kärtchen, die Du zu «monatlich» gelegt hast. Zuerst kommen die Arbeiten, die Du monatlich machen möchtest (im Bild unten unter «Jedes Mal» aufgeführt). Danach führst Du die Arbeiten auf, die seltener gemacht werden sollen. Auf der nächsten Seite siehst Du ein Beispiel.

Du siehst, die Aufgaben sehen nach viel aus, sind aber recht schnell erledigt (alle Monatsaufgaben der Küche sind in weniger als einer halben Stunde gemacht).

Zone 4

Jedes Mal:

Küche (25min.):
- ☐ Abfall weg und Eimer ausreiben
- ☐ Mikrowelle putzen
- ☐ Herdplatte putzen
- ☐ Alle Behälter (Schüsseln, Abzug) in GWM waschen oder von Hand (Hängekistli)
- ☐ Wände putzen
- ☐ Marmorplatte putzen
- ☐ Handschuhe waschen
- ☐ GWM putzen und mit Abzug laufen lassen
- ☐ Schränke aussen abreiben

Bad unten (5min.):
- ☐ Lampenschalter Spiegelschrank
- ☐ Spiegel innen putzen
- ☐ Tür und Lichtschalter putzen

Küche

1	☒	Schränke links
2	☒	Schränke geradeaus
3	☒	Schränke rechts
4	☒	Fenster putzen inkl. Rahmen
		Plissée abstauben, evtl. putzen oder sogar waschen (1x jährlich)
5	☒	Kühlschrank gründlich putzen
6	☒	Backofen putzen
7	☒	Dunstabzughaube putzen
		GWM putzen mit Spezialreiniger
8	☐	Lavabo gründlich putzen und entkalken
9	☐	Tisch putzen
		Magnetwand putzen
		Tür und Lichtschalter putzen
		Lampen putzen
10	☐	Ofenstelle putzen
11	☐	Decke, Wände und Fussboden staubsaugen (inkl. Badzimmer)
		Leisten abreiben und Rohre (inkl. Badzimmer)
		Dampfreiniger (inkl. Badzimmer)

Wenn Du den Plan genau anschaust, siehst Du, dass Aufgaben 1-3 «Schränke» lauten. Damit ist gemeint, dass Du die entsprechenden Schränke (oder nur einen Schrank, je nach Grösse und Zeit) komplett leerräumst, innen putzt und die Dinge wieder schön ordnest. Wenn Du vorher schon ausgemistet hast, ist auch diese Arbeit gut zu bewältigen. Es geht mir dabei nicht in erster Linie um das Putzen des Schranks (auch wenn das bei einem Küchenschrank durchaus sehr nötig sein kann), sondern vor allem ums weitere Ausmisten. Denn «Minimalismus» (oder auch einfach Dein Haushalt) ist niemals «fertig». Innert Sekunden entscheidest Du, ob Du diesen Gegenstand immer noch brauchst und liebst oder doch nie benutzt hast. Ausserdem bringst Du Deine Ordnung, die Du im Rahmen dieses Projekts erstellt hast, wieder auf Vordermann. Braucht es das denn?? Marie Kondo schreibt in ihrem Buch, dass es nur ein einziges «Aufräumfest» (= Ausmisten nach ihrer Methode) geben muss und dann bleibt die Ordnung so. Zumindest bei mir ist es trotz akribischer Beschriftung und Ordnung durchaus so, dass ich (und vor allem auch die anderen Familienmitglieder) Dinge nach Benutzung nicht korrekt und sauber versorge. Indem Du regelmässig[18] die Ordnung wiederherstellst, kann das Chaos nie mehr überhandnehmen!

---

[18] Bei mir dauert es drei bis sechs Monate, bis alle Aufgaben einer Zone erledigt sind und der Durchgang von Neuem beginnt. Das hängt natürlich von der Menge der Aufgaben ab, sowie von der Anzahl der Räume und der Zeit, die Du täglich investieren willst oder kannst.

Was hat es aber nun mit den Zonen auf sich?

November 2024

	Mo	Di	Mi	Do	Fr	Sa	So
44	28	29	30	31	Zone 1 1	2	3
45	Zone 2 4	5	6	7	8	9	10
46	Zone 3 11	12	13	14	15	16	17
47	Zone 4 18	19	20	21	22	23	24
48	Zone 5 25	26	27	28	29	30	1

Am Ersten eines Monats beginnt Zone 1. Jede weitere Zone startet in der nächsten «Zeile» (s. Bild). So ist jeder Tag eines Monats in eine bestimmte Zone eingegliedert. Die Küche (die in unserem Beispiel zu Zone 4 gehört) interessiert Dich gemäss obigem Beispiel nur vom 18. bis 24. November! Während der übrigen Zeit reicht die tägliche und wöchentliche Routine. Am Montag (oder einem anderen Tag) erledigst Du die monatlich wiederkehrenden Arbeiten. Während der anderen Tage nimmst Du Dir eine Viertelstunde, eine Halbestunde oder eine Stunde Zeit für die Zonenreinigung. Wie viel, hängt von der Grösse Deines Zuhauses, von Deiner Einstellung zum Putzen und von Deiner Zeit ab.

Wichtig ist, dass Du Dich begrenzt (s. Kapitel «Gesetze des Minimalismus»). Während dieser Zeit arbeitest Du die übrigen Aufgaben auf Deinem Zonenplan ab. Ob Du von oben nach unten vorgehen willst oder das aussuchst, was Dich am meisten anspricht oder was es am Nötigsten hat, ist Dir überlassen. Wenn Du alle Aufgaben abgehakt hast (ausser die, die Du sowieso nur einmal jährlich machen willst), beginnst Du den Plan von vorn.

Damit benötigst Du nie mehr einen Frühjahrsputz, nie mehr ein ganzes Wochenende putzen. Dein Zuhause wird sauber sein – allerdings (je nach Grösse des Wohnraums und Anzahl der Kinder und Haustiere) wird es nicht klinisch rein sein. Die Zonenreinigung widerspricht jedem Perfektionismus. Natürlich darfst Du die Fingerabdrücke an der Glastür wegwischen, wenn es Dich nervt. Wenn Du zum Perfektionismus neigst, kannst Du Dir als Routine ja einen «Durchgang» durch die Wohnung einplanen, um alles Herumliegende oder Störende zu beseitigen. Auf jeden Fall solltest Du nicht den ganzen Tag putzen … Und wenn Du eher ein Putzmuffel bist: Halte Dich an Deinen Plan. Wenn Du einmal nicht magst (oder in den Ferien bist), passiert aber auch nichts, wenn Du es einmal aussetzt – die Zone kommt ja wieder. Das gibt eine wunderbare Entspannung in das leidige Thema Putzen.

Checkliste:

- o Ich habe alle meine Hausarbeiten aufgeschrieben und in die Kategorien «täglich», «wöchentlich», «monatlich» und «seltener» eingeteilt.
- o Ich habe meine Routinen festgelegt.
- o Ich habe meine Routinen etabliert.
- o Ich habe meine Wochenroutinen auf die Wochentage verteilt.
- o Ich habe meine Räume in Zonen eingeteilt.
- o Ich habe meine Putzpläne für die Zonen erstellt.

Ausmisten – 2. Teil

Hast Du dieses Buch bis hierher nicht nur durchgelesen, sondern auch durchgearbeitet, ist Dein Haushalt sauber und geordnet, Du bist von Dingen umgeben, die Dir lieb und teuer sind und jeder Raum entspricht Deinen Bedürfnissen.

Wenn Du dieses Projekt gestartet hast, weil Dir alles zu viel war, ist die Chance allerdings sehr gross, dass sich daran nicht viel oder zumindest nicht genug geändert hat.

Deshalb folgt nun der zweite Teil des Ausmistens – der, der in vielen Aufräum-Ratgebern viel zu kurz kommt bzw. meistens komplett fehlt: Das Ausmisten von Tätigkeiten, Handlungen und sonstigen Energiefressern.

Dies betrifft:

- Arbeit (Jobs) & Verpflichtungen
- Hobbys & Projekte/Wünsche
- Finanzen
- Beziehungen

Arbeit & Verpflichtungen

Jeder von uns hat Verpflichtungen, die er einmal eingegangen ist – ob aktiv (Arbeitsvertrag) oder «es ist halt so gekommen» (ehrenamtlicher Dienst, den Du seit Jahren innehast). Wahrscheinlich hast Du mehr solche Verpflichtungen, als Dir im ersten Moment bewusst sind. Deshalb ist Deine erste Aufgabe, Dir etwas Zeit zu nehmen,

Dich mit Stift und Papier oder Tablet hinzusetzen und quasi eine Mindmap zu erstellen. In die Mitte schreibst Du gross «Arbeit & Verpflichtungen», dann schreibst Du aufs Blatt verteilt wild drauflos – alles, was Dir in den Sinn kommt. Dinge, die Du bezahlt oder unbezahlt machst. Dinge, die Du machen «musst» – weil Du einen Vertrag unterschrieben, zugesagt hast oder weil es zur Katastrophe kommt, wenn Du damit aufhören würdest (Kinder oder Haustiere versorgen, Haushalt erledigen …). Es geht bei diesem Schritt nicht darum aufzuschreiben, was Du gerne machen würdest, sondern den Ist-Zustand festzuhalten.

Für den zweiten Schritt brauchst Du Farbstifte. Du färbst die Punkte folgendermassen ein:

- Grün: Alle Punkte, die Dir Freude bereiten oder zumindest keine negativen Gefühle auslösen. Gedanken wie «das *darf* ich nicht weglassen» haben hier allerdings noch nichts zu suchen!
- Orange: Alle übriggebliebenen Punkte, die unbedingt gemacht werden müssen, auch wenn Du sie nicht machen magst oder sie Dir Bauchschmerzen bereiten.
- Rot: Alle übrigen Punkte.

Alles, was nun grün ist, bleibt weiterhin Deine Verpflichtung. Die orangen Tätigkeiten (oder zumindest Teile davon) könntest Du z.B. jemandem delegieren. Sprich mit anderen darüber, manchmal gibt es geniale Lösungen, die allen zugutekommen! Und wenn Du so nur eine einzige Tätigkeit losgeworden bist – es ist ein Schritt in die richtige Richtung!

Die verbleibenden orangen Tätigkeiten kannst Du vielleicht vereinfachen, reduzieren oder angenehmer gestalten (mit Musik, mit jemandem zusammen ...).

Alle roten Verpflichtungen gibst Du so schnell wie möglich ab. Die kann jemand anders erledigen. Oder sie fallen einfach weg.

Und jetzt fordere ich Dich noch mehr: Sei ganz offen – musst Du wirklich 100% arbeiten oder reichen auch 80% (und ich meine damit sowohl tatsächliche Lohn- als auch Care- und Freizeit-Arbeit!)? Klar, das bedeutet eine Geldeinbusse – dafür bekommst Du mehr Zeit. Was ist Dir wichtiger? Musst genau *Du* im Vorstand des Vereins xy sein? Gibt es vielleicht die Möglichkeit, Dich mit anderen Müttern zusammenzutun, dass Ihr Euch mit dem Abholen der Kinder o.a. abwechselt?

Checkliste:

- o Ich habe alle meine Tätigkeiten und Verpflichtungen aufgeschrieben.
- o Ich habe meine Tätigkeiten ausgemistet und weiss jetzt, was ich machen will.
- o Ich habe einige Tätigkeiten delegiert.
- o Ich habe einige Tätigkeiten aus meinem Leben gestrichen.

Hobbys & Projekte

Selim Tolga bringt in seinem Buch das Problem auf den Punkt: Wir haben alle nur 24h zur Verfügung. 8h sollten wir möglichst schlafen, 8h arbeiten wir (auswärts oder als Elternteil zuhause). Somit bleiben noch 8h für alles andere. Dazu gehört duschen, kochen, essen, Haushalt (sofern Du nicht Hausfrau von Beruf bist), spielen mit den Kindern, Gassi gehen und dann auch noch die Hobbys. Viel Zeit für Hobbys und Projekte bleibt also nicht, wenn man das mal hochrechnet.

Viele Leute haben mehrere Hobbys oder Dinge, mit denen sie sich gerne beschäftigen. Das ist ja auch völlig in Ordnung – nur, wenn das mehr als vier oder fünf Dinge sind, kommen letztlich alle zu kurz und das ist einfach unbefriedigend. Wenn das bei Dir anders ist, kannst Du gleich zum nächsten Abschnitt gehen.

Ansonsten schreibe «Hobbys & Projekte» auf ein Blatt Papier und notiere Dir alles, was Du in Deiner Freizeit machst oder gerne tun würdest (egal, ob es ein Hobby mit fixen Terminen ist wie Mitglied sein in einer Band, Fussball spielen in einem Club, oder ob es Dinge wie lesen und stricken sind).

Nun färbe die Tätigkeiten wie folgt ein:

- Grün: Höchstens drei Projekte und drei Hobbys, die Dein Herz höherschlagen lassen, wenn Du es nur liest.
- Orange: Tätigkeiten, die Du wirklich gerne machst, aber deutlich an zweiter Stelle stehen.
- Rot: Tätigkeiten, bei denen Du oft ein schlechtes Gewissen hast im Sinn von «ach ja, das sollte ich auch wieder mal machen ...» (z.B. wenn Du beim Ausmisten die vielen Stoffresten siehst, die Dich ans Nähen erinnern).

Grün sind Deine Hobbys, die Du liebst und unbedingt behalten sollst. Die grün gefärbten Projekte schreibst Du Dir am besten gleich in die Agenda, damit sie nicht vergessen gehen.

Je nachdem, wie Dein Alltag aussieht und was für Hobbys Du hast, kannst Du auch welche aus der orangen Kategorie behalten: Wenn ein Hobby z.B. Basteln ist, eines Spazierengehen und eines Kochen, und Du Hausfrau und Mutter bist, dann funktioniert das super mit Kindern zusammen. Dann liegt auch noch ein viertes Hobby drin, das Du vielleicht ganz allein in Deiner Freizeit tun kannst. Überlege Dir auf jeden Fall ganz genau, ob es Dir nicht ein Stück Freiheit zurückgeben würde, eines dieser Hobbys aufzugeben. Muss ja nicht für immer sein, Du kannst diese Mindmap jährlich wiederholen, wenn Du magst …

Die roten Hobbys kommen auf jeden Fall ganz weg. Denk daran, allfälliges Zubehör auch gleich auszumisten. Auch von den roten Projekten darfst Du Dich verabschieden – es ist einfach eine Tatsache, dass ein Mensch nicht alles lernen und erleben kann, was ihn interessieren würde. Konzentriere Dich dafür mehr auf das, was Dir wirklich wichtig ist!

Checkliste:

o Ich habe alle Hobbys und Projekte aufgeschrieben und sortiert.

o Ich kenne meine Hobbys, auf die ich mich konzentrieren möchte.

o Ich habe alle anderen Hobbys gestrichen und das Zubehör dazu entsorgt.

o Ich kenne meine Projekte, die anstehen und habe mich von den anderen verabschiedet.

Finanzen

Wenn ein Problem die Finanzen betrifft, lohnt sich auch da, eine Mindmap zu erstellen. Nach der Überschrift schreibst Du alles auf, wofür Du Geld ausgibst: Miete, Strom, Auto, Kleider, Steuern, Lebensmittel, Spenden ...

Die Einfärbung funktioniert hier etwas anders:

- Grün: Alles, was Du so lassen willst, weil es nicht anders geht (Steuern z.B.) oder es für Dich super passt.

- Orange: Alles, was Du zwar als Posten behalten willst, aber es sich lohnt, darüber genauer nachzudenken (kleineres Auto oder ÖV, kleinere Wohnung, seltener auswärts essen gehen ...).

- Rot: Alles, was Du in Zukunft nicht mehr bezahlen willst (Parkbussen und Mahnungen z.B. – also besser darauf achten).

Nun erstellst Du ein Budget. Von Deinem Einkommen (inkl. Kindergeld, IV-Rente, Alimente, Nebenjobs) ziehst Du die grünen Punkte ab. Was übrigbleibt verteilst Du auf die orangen Punkte, mit der Gewichtung, die Du für passend hältst. Vergiss nicht, grosszügig zu budgetieren und auch monatlich etwas für Unvorhergesehenes (und Ferien, Haus-renovierung ...) auf die Seite zu legen.

Eigentlich völlig logisch und doch gibt es Dinge, die einfach seit Jahren so laufen und nicht hinterfragt werden.

Checkliste:

- o   Ich weiss genau, wofür ich mein Geld ausgebe und was gut daran ist und was nicht.
- o   Ich habe ein neues Budget erstellt, das auf mich und meine Bedürfnisse zugeschnitten ist (bzw. auf die Familie o.a.).

Beziehungen

Darauf reagieren Kunden meistens sehr bestürzt: «Was, ich soll meine Freunde 'ausmisten'?» Keine Angst! Wenn Du eine gesellige Person bist und Dich mit Deinen 50 Freunden wohlfühlst, dann lass es so!

Falls Du aber immer mal wieder im sozialen Stress bist: Schreib zuerst einmal alle Freunde auf die Mindmap. Du kannst auch nur Familien aufschreiben, wenn es sonst zu viele sind. Gemeint ist nicht, jeden aufzuschreiben, den Du kennst! Nur diejenigen, mit denen Du im privaten Rahmen Kontakt hast: Freunde, Bekannte, Verwandte.

Du kennst es bereits, es geht ans Einfärben:

- Grün: Alle Freunde, die Dir sehr wichtig sind, mit denen Du am liebsten Deine Zeit verbringst, die Dir neue Energie schenken durch ihre blosse Anwesenheit. Das sind die Menschen, um die Du Dich auch aktiv bemühst – wieder Treffen vereinbarst, telefonierst, Dich an Geburtstag und Weihnachten meldest.
- Orange: Wenn sich diese Leute mal zwei Monate nicht melden, kommen Gedanken auf wie «Ach, die sollte ich doch auch wieder mal anrufen» oder «man, die sind sicher enttäuscht, dass ich mich noch nicht gemeldet habe».
- Rot: Leute, die sich vielleicht als Deine Freunde bezeichnen würden, die Dir aber mehr Energie nehmen als geben. Wenn einer von ihnen jetzt bei Dir klingeln würde, wärst Du genervt.

Klar, die grünen Freunde bleiben unbedingt, egal wie viele das sind! Um die solltest Du Dich auch (weiterhin) aktiv bemühen. Es wäre schade, wenn solche Freundschaften einschlafen würden, nur weil eben mal viel in Deinem Leben los ist. Wenn Dir die Zeit für diese Beziehungen fehlt, müsstest Du wohl eher bei den Hobbys noch weiter reduzieren (oder sogar bei Deiner Arbeit), denn offenbar sind Dir Beziehungen sehr wichtig.

Bei den orangen Leuten ist es schwieriger. Bist Du jemand, der gerne unter Leuten ist und daraus Energie gewinnt, dann kannst Du diese ruhig auch als «Freunde» behalten – dann wird sich Dein «Stress» auch in Grenzen halten, wenn Du sie wieder mal anrufen «musst». Vorausgesetzt natürlich, Du hast nicht schon unter «Grün» 50 Freunde aufgeschrieben ... Bist Du eher introvertiert und gerne allein, dann wird es Dich sehr viel Energie kosten, diese Freundschaften am Laufen zu halten. Und das, obwohl sie Dir auch bei einem Treffen nicht (viel) mehr Energie schenken als es ein gutes Buch tun würde. Dann darfst Du diese Freunde auch gerne «auf Eis legen». «Freunde ausmisten» bedeutet nicht, dass Du sie nie mehr sehen sollst!! Es bedeutet nur, dass Du Dich nicht mehr aktiv um die Freundschaft bemühst. Rufen sie an, dann triff Dich natürlich mit ihnen, wenn es passt!

Die roten Leute sind keine Freunde, auch wenn sie sich vielleicht als solche sehen würden. So «gemein» es klingen mag – es ist ehrlicher und sehr energiesparend, wenn Du ihnen liebevoll klarmachst, dass Du an einer Freundschaft nicht interessiert bist.

Checkliste:

o   Ich habe meine Freunde, die mir wichtig sind. Um diese Freundschaften werde ich mich aktiv bemühen.

o   Ich konnte einige Freundschaften gehen lassen – diese werde ich nur noch passiv «geniessen».

o   Ich habe keine «Energiefresser» mehr unter meinen Bekanntschaften.

Schluss

Vor einiger Zeit hast Du das Projekt «Maximal minimal» begonnen und Dein Leben, Deinen Haushalt in Angriff genommen. Du wirst nicht mehr davon bestimmt, sondern bestimmst selbst und geniesst diese Freiheit – zumindest hoffe ich das ganz fest!

Wenn Du an einem oder mehreren Punkten nicht alleine weitergekommen bist oder nach wie vor gewisse Baustellen hast, bin ich gerne bereit, diese mit Dir zusammen anzugehen. Unter www.maximal-minimal.ch findest Du alle nötigen Kontaktdaten. Ich würde mich sehr freuen, von Dir zu hören – und sei es nur einen kurzen Kommentar, wie es Dir beim Projekt ergangen ist.

März 25, Hallau

Barbara Mäder

Literaturverzeichnis

Selim Tolga, *Minimalismus leben für Dummies*, Wiley-VCH 2020

Marla Cilley, *Die magische Küchenspüle*, Edition Schwarzer 2014

Marie Kondo, *Magic Cleaning. Wie richtiges Aufräumen ihr Leben verändert*, Rowohlt Taschenbuch 2013